каббалистический ИВРИТ

учебное пособие

МЕЖДУНАРОДНАЯ
АКАДЕМИЯ
КАББАЛЫ

ОГЛАВЛЕНИЕ

На каком языке лучше учить каббалу, на русском или иврите? 4

ПРЕДИСЛОВИЕ 5
Язык каббалы 6

ЧАСТЬ ПЕРВАЯ 7
«Нет света без сосуда» 7
«Добрый и Дающий добро» 7
Что можно сделать с одной фразой? 8
Знакомство с алфавитом 8
Конечные буквы (софиты) 8
Различительные элементы похожих букв 8

ЧАСТЬ ВТОРАЯ 11
Урок 1 11
Заметки на память 13
Как сделать этот текст "своим" 13
Уголок грамматики 14

Урок 2 14
Как сделать текст "своим" 15
От "ветви к корню" 16
Уголок грамматики 16
Полезная информация 16

Урок 3 17
Как сделать текст "своим" 18
От "ветви к корню" 18
Уголок грамматики 18
Полезная информация 19

Урок 4 19
Как сделать текст "своим" 21
От "ветви к корню" 21
Уголок грамматики 21
Полезная информация 22

Урок 5 22
Как сделать текст "своим" 23
От "ветви к корню" 23
Уголок грамматики 24
Немного практики 24
Полезная информация 24

Урок 6 24
Как сделать текст "своим" 27
От "ветви к корню" 27
Уголок грамматики 28
Полезная информация 29

Урок 7 29
Как сделать текст "своим" 30

Урок 8 32
Как сделать текст "своим" 34
От "ветви к корню" 34
Уголок грамматики 35
Полезная информация 35

Урок 9 36
Как сделать текст "своим" 38
От "ветви к корню" 38
Уголок грамматики 38
Полезная информация 38

Урок 10 39
Как сделать текст "своим" 39
От "ветви к корню" 40
Уголок грамматики 40
Полезная информация 40

Урок 11 41
Как сделать текст "своим" 42
От "ветви к корню" 42
Уголок грамматики 42
Полезная информация 43

Урок 12 43
Как сделать текст "своим" 46
От "ветви к корню" 46
Уголок грамматики 47

Полезная информация 47

Урок 13 48
Как сделать текст "своим" 51
От "ветви к корню" 51
Уголок грамматики 51
Полезная информация 52

Урок 14 52
Как сделать текст "своим" 53
От "ветви к корню" 54
Уголок грамматики 54
Полезная информация 54

Урок 15 55
Как сделать текст "своим" 56
От "ветви к корню" 57
Уголок грамматики 57
Полезная информация 58

Урок 16 58
Как сделать текст "своим" 60
От "ветви к корню" 61
Уголок грамматики 61
Полезная информация 62

Урок 17 62
Как сделать текст "своим" 64
От "ветви к корню" 64
Уголок грамматики 65
Полезная информация 65

ЧАСТЬ ТРЕТЬЯ 66
Стих Ари из книги "Древо жизни" 66
Главы из первой статьи книги "Шамати" "Нет никого кроме Него" 69

ЧАСТЬ ЧЕТВЕРТАЯ 77
Отрывки из глав книги "Зоар для всех" 77

На каком языке лучше учить каббалу, на русском или иврите?

Михаэль Лайтман: «Я даю на русском языке только вводный курс «Введение в науку каббала» и некоторые беседы для начинающих. Настоящая же учеба происходит на иврите. Если приходит владеющий и русским, и ивритом, он очень быстро видит, что занятия на иврите мощнее, язык более приспособлен для духовных определений, и переходит в ивритскую группу начинающих. В любом случае после 3-5 месяцев любой начинающий переходит на иврит. Это не значит, что нельзя выйти в высший мир без знания иврита, но у нас тут иначе быть не может, ведь приходят и русскоязычные, и уроженцы страны.

В общем, каббалу, методику ощущения Творца, можно выразить на любом языке, как музыку – не только на итальянском, или медицину – не только на латинском. Но так уж изначально произошло, что все великие каббалисты так передали нам устройство высшего мира, что их объяснения о форме букв, сочетании их, строении слова и его смысловой емкости – все это передано в основном применительно к ивриту.

Вместе с тем, многие значения, определения они передали нам на греческом, арамейском – языках, которые были в употреблении во времена написания книги Зоар. В таком же виде мы их и употребляем. Но другие иностранные, да и ивритские слова, если они нам не указали, мы не знаем, как соотнести с духовными корнями. А поскольку они указали связи на иврите, поэтому иврит является языком каббалы.

Мы видим, что любая, даже сегодня создающаяся отрасль, немедленно принимает для себя определенный язык общения, и уже все машины, программы сразу же выпускаются, применяя только его, понимают только его. Изучающий каббалу обязан каббалистические определения и названия изучить в ивритском значении, подобно как музыкант – итальянский, как медик – латынь.»

http://www.kabbalah.info/ruskab/book16/letters.htm

ПРЕДИСЛОВИЕ

При подготовке этого пособия мы пользовались методом чтения Ильи Франка (http://www.franklang.ru/).

Приведем несколько отрывков из его статей, в которых он обосновывает достоинства своего метода.

«Когда вы что-либо читаете, вам должен быть интересен не язык, а содержание текста. О языке вы при чтении забываете. Текст учебника же составлен так, что язык в нем – цель, а содержание – средство, содержание постольку-поскольку. Поэтому ваша усталость и нежелание читать такой текст – защитная реакция психики на попытку вторгнуться в нее и перевернуть все вверх дном.

Еще пример. Вы – преподаватель, перед вами – группа. Вам нужно, чтобы вот этот человек сейчас встал и прошелся по комнате. Вы можете его попросить: «Встаньте, пожалуйста, и пройдитесь по комнате». Он выполнит вашу просьбу, но ему будет неловко, что и отразится на его походке. Однако вы можете сказать и так: «Будьте так добры, откройте, пожалуйста, дверь». Результат будет тот же: он встанет и пройдется, но при этом будет чувствовать себя совершенно естественно, раскованно. Во втором случае открывание двери – цель, встать и пройтись – средство. В первом же случае встать и пройтись превращается в цель, в самоцель, но это противоестественно. Это средство, потерявшее свою цель, средство, которое насильно заставляют быть целью.

Беда традиционного обучения в том, что язык дается как самоцель, а не как средство. На уровне значения, а не на уровне смысла. Вот он, необходимый критерий. Отсюда выводы: что нужно делать, чтобы научиться читать на языке? Ответ: нужно читать, и как можно больше. Чтобы слушать? Слушать! (Если вы уже свободно читаете, то через пару месяцев вы привыкнете понимать передачи по телевидению и радио.) Что нужно, чтобы говорить? – Говорить! Это как учиться плавать: сколько бы вы ни упражняли плавательные движения на суше, учиться-то все равно придется в воде. И все равно сразу правильно не получится.

Если у вас нет навыка плавать в воде, то все заранее выученное мгновенно улетучивается в реальной ситуации, вы сразу все перепутаете и будете барахтаться так, как будто ничего не учили. Вам будет некогда думать: так, сейчас поставлю сказуемое в такой-то форме, а теперь подлежащее в такой-то форме. Пусть даже вас очень долго «дрессировали» на все эти формы, но это работает только до тех пор, пока вы не упускаете их из виду, пока вы смотрите на язык как на самоцель. Но вот у вас украли в чужой стране сумочку, вы объясняете это полицейскому – и тут вы уже отвернулись от языка, вам важен смысл.

Конечно, сначала на читателя хлынет поток неизвестных слов и форм. Он не должен этого бояться: никто никого по ним не экзаменует. По мере чтения (пусть это произойдет хоть в середине или даже в конце книги) все «утрясется», и читатель будет, пожалуй, удивляться: «Ну зачем опять дается перевод, зачем опять приводится исходная форма слова, все ведь и так понятно!» Когда наступает такой момент, когда «и так понятно», ему стоит уже читать наоборот: сначала неадаптированную часть, а потом заглядывать в адаптированную. (Этот же способ чтения можно рекомендовать и тем, кто осваивает язык не с нуля.)

Язык по своей природе – средство, а не цель, поэтому он лучше всего усваивается не тогда, когда его специально учат, а когда им естественно пользуются – либо в живом общении, либо погрузившись в занимательное чтение. Тогда он осваивается сам собой, подспудно.

Наша память тесно связана с тем, что мы чувствуем в какой-либо конкретный момент, зависит от нашего внутреннего состояния, а не от того, например, сколько раз мы повторим какую-нибудь фразу или сколько выполним упражнений.

Для запоминания нужна не сонная, механическая зубрежка или вырабатывание каких-то навыков, а новизна впечатлений. Чем несколько раз повторить слово, лучше повстречать его в разных сочетаниях и в разных смысловых контекстах. Основная масса общеупотребительной лексики при чтении по моему методу запоминается без зубрежки, естественно – за счет повторяемости слов. Поэтому, прочитав текст, не нужно стараться заучить слова из него. «Пока не усвою, не пойду дальше» – этот принцип здесь не подходит. Чем интенсивнее человек будет читать, чем быстрее бежать вперед – тем лучше.

В данном случае, как ни странно, чем поверхностнее, чем расслабленнее, тем лучше. И тогда объем материала делает свое дело, количество переходит в качество. Таким образом, все, что требуется от читателя, это просто почитывать, думая не об иностранном языке, который по каким-либо причинам приходится учить, а о содержании книги.»

Язык каббалы

Язык каббалы – это запись информации о свойстве Творца, – отдаче, и о сути и методике работы, которую выполняет человек, желающий приобрести это свойство.

Поэтому не стоит думать, что освоив этот язык, вы выучили иврит. Современный иврит – не более чем средство общения, созданное на основе языка, которым пользовались каббалисты, он отличается от языка каббалы не только лексикой, но, главное, целью применения: современный иврит обслуживает потребности людей в нашем, традиционно эгоистическом мире, и поэтому ничего общего с каббалой не имеет.

Эта книга предназначена для усвоения навыков чтения книг каббалистов, языка каббалы, для краткости же мы будем называть язык «ивритом».

Используемая литература

1) Леонид Зелингер

"Иврит. Фонетика, морфология, орфография и чтение". Справочное пособие, Иерусалим, 1986

2) Йорам Лемельман

"Практическая грамматика арамейского языка". Издательство "АХАЗ", 2008

> Все аудиоматериалы к текстам этого пособия
> вы найдете по адресу:
> **www.kabhebrew.info**

ЧАСТЬ ПЕРВАЯ

Первые упражнения, примечания, алфавит – все необходимое для дальнейшей работы с текстом пособия.

Для тех, у кого нет времени на изучение фонетики и орфографии иврита, мы добавили под каждым словом текста его транслитерацию с указанием ударений.

Для чтения транслитерации нужно обратить внимание всего на два момента:

* Буква ה, которая в иврите чаще всего обозначает звук, похожий на украинское «г», здесь передается буквой h

* Ударные гласные выделены подчеркиванием

«Нет света без сосуда»

Пользуясь транслитерацией, вы наверняка сможете прочитать вслух свою первую фразу на языке каббалы:

כלי	בלי	אור	אין	Нет света без сосуда
кли	бли	ор	эйн	

А вот как выглядит эта фраза на письме:

אין אור בלי כלי

Теперь вы можете попытаться написать ее сами. Вы помните, что пишут на языке каббалы справа налево, потому что любое духовное действие начинается с «правой линии», то есть когда человек делает для себя свойство Творца, отдачу, – высоким и желанным. Итак:

_____

_____

А здесь попробуйте, когда пишете каждое слово, произносить его вслух: «эйн ор бли кли».

_____

_____

Получилось? Отлично.

Теперь, полюбовавшись на свою работу, мы можем вспомнить, что כלי, – сосуд, в каббале это материал, из которого мы «сделаны», – желание получить, – когда желание это используется с намерением приобрести свойство отдачи, а אור, – свет – это ощущение, которое испытывает כלי, приобретая это свойство Творца.

«Добрый и Дающий добро»

Во второй фразе, которую вы сейчас прочтете, записаны свойства Творца, которые желает познать и приобрести творение:

ולטובים	לרעים	ומטיב	טוב	Добрый и делающий добро плохим и хорошим
улетовим	лераим	умэтив	тов	

Посмотрите внимательно как выглядит эта фраза на письме:

טוב ומטיב לרעים ולטובים

Очень хорошо будет, если вы одновременно с написанием каждого слова постараетесь произносить его вслух.

Как мы знаем, в этой фразе записаны свойства Творца: **טוב**, – добро, Добрый, – означает что свойство Творца – отдача, а **אור**, – Делающий добро – говорит о желании Творца насладить творения. **רעים**, множественное число от **רע** (*ра*) – означает эгоистические свойства творения, а **טובים**, множественное число от **טוב**, означает свойства творения, исправленные добрым намерением, то есть ради добра ближнему или Творцу.

Что можно сделать с одной фразой?

Вы можете:

- прочесть фразу, произнося каждое слово согласно транслитерации;

- прослушать эту фразу в аудиозаписи и постараться продекламировать ее вслух вместе с чтецом;

- если вы уже понимаете значение каждого слова в фразе, вы можете попытаться, указывая на слова, «прочесть» их по-русски, то есть произнести перевод каждого из них.

Знакомство с алфавитом

Посмотрите на буквы иритского алфавита и найдите сходства и отличия. Буквы алфавита также выстроены по порядку справа налево.

כ	י	ט	ח	ז	ו	ה	ד	ג	ב	א
Хаф/Каф	Йуд (Йод)	Тэт	Хэт	Зайн	Вав	hей	Далет	Гимэл	Бэт/Вэт	Алеф
ת	ש	ר	ק	צ	פ	ע	ס	נ	מ	ל
Тав	Шин/Син	Рэйш	Куф (Коф)	Цади	Пэй/Фэй	Айн	Самэх	Нун	Мэм	Ламед

Конечные буквы (софиты)

ך	ף	ץ	ן	ם
Хаф Софит	Пэй Софит	Цади Софит	Нун Софит	Мэм Софит

Как вы помните, эти пять букв называются «манцепах», (Мэм-Нун-Цади-Пэй-Хаф) и означают свойства конечной малхут.

Различительные элементы похожих букв

ד	ו	ע	ס	ח	ו	ה	ד	ג	ב	ב
Далет	Вав	Айн	Самэх	Хэт	Вав	hей	Далет	Гимэл	Бэт/Вэт	Бэт/Вэт
ך	ן	ץ	ם	ת	ז	ח	ר	נ	נ	כ
Хаф Софит	Нун Софит	Цади Софит	Мэм Софит	Тав	Зайн	Хэт	Рэйш	Нун	Нун	Хаф/Каф

А теперь познакомимся с алфавитом подробнее:

Буквы обычные		Буквы "манцепах"		Письменное начертание	Числовое значение (гематрия)	Название		Транслите-рация
"Книжное" начертание	Упрощенное начертание	"Книжное" начертание	Упрощенное начертание			Стандартное	Иврит	
א	א				1	áлеф	אָלֶף	
ב	ב				2	бэт (вет)	בֵּית	б (в)
ג	ג				3	гимел	גִּימֶל	г
ד	ד				4	далет	דָלֶת	д
ה	ה				5	һей	הֵא	х (h)
ו	ו				6	вав	וָו	в
ז	ז				7	зайн	זַיִן	з
ח	ח				8	хет	חֵית	х
ט	ט				9	тет	טֵית	т
י	י				10	йуд "йод"	יוֹד	й
כ	כ	ד	ך		20	каф (хаф)	כָּף	к (х)
ל	ל				30	ламед	לָמֶד	л
מ	מ	ם	ם		40	мэм	מֵם	м
נ	נ	ן	ן		50	нун	נוּן	н
ס	ס				60	самех	סָמֶךְ	с
ע	ע				70	áин	עַיִן	
פ	פ	ף	ף		80	пей (фей)	פֵּא	п (ф)
צ	צ	ץ	ץ		90	цади	צָדִי	ц
ק	ק				100	куф "коф"	קוֹף	к
ר	ר				200	рeш	רֵיש	р
ש	ש				300	шин (син)	שִׁין	ш (с)
ת	ת				400	тав	תָו	т

А здесь вы можете попрактиковаться в написании письменных букв:

ЧАСТЬ ВТОРАЯ

Главы статьи Бааль Сулама "Матан Тора" с транслитерацией,
переводом, объяснениями, советами и другой полезной информацией.

УРОК 1

Итак, прочитав на языке каббалы о свойствах Творца и о том, что «сосудом» для света Творца можно стать, только приобретя эти свойства, в статье Бааль Сулама, «Дарование Торы», которую мы с вами будем осваивать по главкам, прочтем о том, как мы можем сделать это, как стать таким «сосудом», то есть настоящим творением.

Несколько особенностей, которые желательно помнить:

- **Текст для каждого урока**

Мы будем осваивать текст статьи Бааль Сулама "Матан Тора" по главкам. Каждому уроку соответствует одна из глав. Например, в первом уроке разбирается первая глава статьи, во втором – вторая и так далее.

- **Как устроен текст урока**

Текст урока устроен в виде таблицы.

В правом столбце ее – строка оригинала с подстрочной транслитерацией (которые, как вы помните, читаются справа налево), в левом столбце – перевод этой строки, по возможности буквальный, с необходимыми примечаниями.

ВАЖНО

в столбце перевода:
- в **квадратных скобках** приведено буквальное значение некоторых слов и словосочетаний,
- в **круглых скобках** "недостающие" слова, без которых буквальный перевод на русский язык трудно было бы понять.

- **Об ударениях**

Так как в иврите все ударения – на последний слог, поэтому в стоке транслитераци мы выделили ударные гласные подчеркиванием только в случае исключений из этого правила, то есть когда ударение не на последний слог.

- **Текст без перевода**

После каждой таблицы для чтения, приведен "чистый" текст прочитанной главки на языке оригинала, – то есть без транслитерации и без перевода.

- **Советы, пояснения, рекомендации**

Ниже оригинального текста идут советы – как сделать текст "своим", отдельные сведения о грамматике языка и о внутреннем смысле слов, короче полезная информация. Будет очень хорошо, если вы последуете этим советам и ознакомитесь с интересной информацией в этих разделах урока. Если же вы хотите просто читать просто читайте.

Удачи!

КАББАЛИСТИЧЕСКИЙ ИВРИТ

	[НАЗВАНИЕ СТАТЬИ]
Дарование Торы	מתן תורה тора матан
Возлюби ближнего как себя	ואהבת לרעך כמוך камоха лерэаха вэаhавта
Рабби Акива говорит: «Это великое правило в Торе»	רבי עקיבא אומר זה כלל גדול בתורה. батора гадоль кляль зэ омэр акива раби
	[ЭПИГРАФ]
Высказывание каббалистов это говорит нам: «Объясните меня».	מאמר חז״ל זה אומר לנו בארוני. бэаруни лану омэр зэ хазаль маамар
так как слово "правило" указывает на сумму [шель- указание принадлежности] деталей	כי מלת "כלל" יורא על סכום של פרטים пратим шель схум аль йорэ кляль милат ки
[ше = что] из взаимодействия их вместе установлено [поставлен (муж.р.)] то правило.	שמשיתופם יחד הועמד אותו הכלל. акляль ото hуамад яхад шемишитуфам
Получается [находится], что когда он говорит о заповеди	נמצא כשהוא אומר על המצוה hамицва аль омэр кшэhу нимца
"возлюби ближнего как самого себя", что это [что он] великое правило в Торе,	של "ואהבת לרעך כמוך" שהו כלל גדול בתורה, батора гадоль кляль шеhу камоха лерэаха вэаhавта шель
вот на нас (возложено), понять, что остальные 612 заповедей что в Торе	הנה עלינו להבין ששאר תרי״ב המצוות שבתורה шебатора hамицвот таръяб шешъар леhавин алейну hинэ
со всеми писаниями, что в ней, они не меньше и не больше, чем	עם כל המקראות שבתוכה, אינן לא פחות ולא יותר מאשר мэашер йотэр вэло пахот ло эйнан шебэтоха амикраот коль им
сумма деталей, входящих [вводимых] и обусловленных одной заповедью этой	סכום הפרטים המוכנסים ומותנים במצוה האחת הזאת hазот hаахат бамицва умутним hамухнасим hапратим схум
"возлюби ближнего как самого себя". [с "шель" = "любви к ..."]	של "ואהבת לרעך כמוך". камоха лерэаха вэаhавта шель
что это [что ничто эти кроме (как)] вещи удивительные	שאין אלו אלא דברים מתמיהים, матмиhим дварим эла элу шеэйн
так как это будет справедливо в (отношении) заповедей что между человеком и его ближним,	כי זה יצדק במצוות שבין אדם לחבירו, лехавэро адам шебэйн бэмицвот иццадк зэ ки
однако как может та заповедь одна включить и содержать	אולם איך יכולה אותה מצוה אחת להכיל ולכלכל улехалькэль леахиль ахат мицва ота йехола эйх улам
в себе [в ней] все заповеди что между человеком и Творцом	בתוכה את כל המצוות שבין אדם למקום, ламаком адам шебэйн hамицвот коль эт бэтоха
которые есть [что они] – главное в Торе, и основная и большая часть ее	שהן עקרי התורה ורוב מנין ובנין שלה шела увиньян миньян вэров hатора икарэй шеhэн

А вот как выглядит этот текст в оригинале. Мы уверены, что вы сможете прочесть по меньшей мере часть его – то есть прочесть несколько фраз из текста каббалиста на языке оригинала!

ואהבת לרעך כמוך (ויקרא י״ט י״ח)
רבי עקיבא אומר זה כלל גדול בתורה. (ב״ר פכ״ד).
מאמר חז״ל זה אומר לנו בארוני. כי מלת ״כלל״ יורא על סכום של פרטים שמשיתופם יחד הועמד אותו הכלל. נמצא כשהוא אומר על המצוה של ״ואהבת לרעך כמוך״ שהוא

כלל גדול בתורה, הנה עלינו להבין ששאר תרי"ב המצוות שבתורה עם כל המקראות שבתוכה אינן לא פחות ולא יותר מאשר סכום הפרטים המוכנסים ומותנים במצוה האחת הזאת של "ואהבת לרעך כמוך" שאין אלו אלא דברים מתמיהים, כי זה יצדק במצוות שבין אדם לחבירו, אולם איך יכולה אותה מצוה אחת להכיל ולכלכל בתוכה את כל המצוות שבין אדם למקום, שהן עקרי התורה ורוב מנין ובנין שלה.

Заметки на память

"Высокий стиль" перевода

Прилагательные в иврите стоят после существительных, а местоимения часто прикреплены в конце слов в виде суффиксов. Так они и называются, – местоименные суффиксы. И так как мы старались переводить по возможности буквально, поэтому перевод звучит не совсем "по-русски", и часто выглядит как устаревший или слишком уж высокий стиль.

Творец, каббалисты и другие

Так как для нас, не постигших еще единство Творца, Он проявляется как обладатель множества свойств, каббалисты применяли для обозначения этих свойств разные термины:

ית' – "итбарах" = "благословится (Он)"

ית' ויתע' – "итбарах вэитъалэ" = "благословится (Он) и возвеличится"

ה' – "hашем" = "(это) Имя"

ליוצרו – "ле йоцро" = "Создателю его" ("йоцер" = создатель)

הקב"ה – "hакадош-барух-hу" = "Святой, благословен Он"

В тексте все эти термины мы переводим одним словом: "Творец".

Тот же принцип мы применили и к словам, обозначающим каббалистов:

חז"ל – "хазаль" = "хахамэйну, зихронам ливраха" = "мудрецы наши, память их для благословения", а иногда просто ז"ל, то есть "память их для благословения", – в тексте переводится как "каббалисты".

И еще:

לשמא – "лишма" = "во имя ее (Торы)", переводится словами "с альтруистическим намерением"

שלא לשמא – "шело лишма" = "что не во имя ее (Торы)", переводится так: "с эгоистическим намерением".

Как сделать этот текст "своим"

Для этого вы можете:

- прочесть текст оригинала, пользуясь транслитерацией;

- прослушать эту главку в аудиозаписи, стараясь следить за текстом и повторять слова вслед за чтецом; (можно это делать 2-3 раза, короткими фразами);

- в тех строках, где, как вам кажется, вы понимаете значение каждого слова, вы можете попытаться, указывая на слова, «прочесть» их по-русски, то есть произнести перевод каждого из них;

- если вы уже освоили письменное написание букв, попробуйте написать на иврите фразу "возлюби ближнего, как самого себя", когда пишете слова, попробуйте произносить их вслух. Попробуйте проделать это с другими словами или фразами текста, из тех, что вам запомнились.

Уголок грамматики

* *Предлоги*

ל – 1) направление (к, в); 2) время (к, на); 3) цель (для); 4) принадлежность (у кого-либо)

ב – 1) место (где?); 2) время (когда?)

ש – 1) что; 2) который; 3) пусть

כש – когда

и союз

ו – 1) и; 2) а; 3) но

пишутся слитно со словами. Пример:

לאדם – человеку

בתורה – в Торе

שבין – что между

ומצוות – и заповеди

כשהוא – когда он

Поздравляем! Вы освоили свой первый текст на языке каббалы!

УРОК 2

И если еще возможно нам приложить усилие	ואם עוד אפשר לנו להתיגע леитъягэа лану эфшар од вэим
и найти путь уладить (устранить противоречие) их слова, которые здесь,	ולמצוא דרך ליישב דבריהם שבכאן, шебэхан диврэйhэм леяшэв дэрэх вэлимцо
(то) вот подготовлено для нас [нашим глазам] высказывание второе, еще более выделяющееся (резкостью),	הנה ערוך לעינינו מאמר שני עוד יותר בולט, болэт йотэр од шени маамар леэйнэйну арух hинэ
об том гере (желающем войти в духовный мир), что пришел к [перед] Гилелю (трактат "Шаббат", лист 31)	באותו הגר שבא לפני הלל (שבת לא.) алеф ламэд шабат hилель лифнэй шеба hагэр бэото
и сказал ему: «Научи меня всей Торе	ואמר לו "למדני כל התורה כולה кула hатора коль ламдэни ло вэамар
пока я [когда я] стою на ноге одной»,	כשאני עומד על רגל אחת, ахат рэгель аль омэд кшеани
и сказал ему (Гилель): "Все, что для тебя ненавистно, ближнему своему не делай",	ואמר לו כל מה דעלך סני לחברך לא תעביד, таавид ло лехавэрха сани дэалах ма коль ло вэамар
(перевод «Возлюби ближнего, как себя»)	(התרגום של ואהבת לרעך כמוך) камоха лерэаха вэаhавта шель hатиргум

ואידך, פירושא הוא זיל גמור", гмор зиль hу перуша вэидах	а остальное – комментарий это, иди и учи [закончи]».
הרי לפנינו הלכה ברורה, אשר אין לנו שום העדפה hаадафа шум лану эйн ашер брура hалаха лефанэйну hарэй	Ведь перед нами закон ясный, что нет у нас никакого
בכל תרי"ב המצוות ובכל המקראות שבתורה шебатора hамикраот увэхоль hамицвот тарьяб бэхоль	во всех 612 заповедях и во всех изречениях, что в Торе,
על המצוה האחת של ואהבת לרעך כמוך. камоха лерэаха вэаhавта шель hаахат hамицва аль	над заповедью одной: «Возлюби ближнего, как себя».
כיון שבאים רק כדי לפרש ולאפשר לנו лану улеафшэр лефарэш кедэй рак шебаим кейван	Поскольку даны [пришли], только чтобы разъяснить и дать возможность нам
לקיים מצוות אהבת הזולת על היכנה, hэйхана аль hазулат аhават мицват лекайем	исполнить заповедь любви к ближнему на ее основе
שהרי אומר בפירוש "ואידך פירושא הוא זיל גמור", гмор зиль hу перуша вэидах бэфэруш омэр шеhарэй	что ведь говорит (он) ясно: «А иное – комментарий это, иди и учи [закончи]»,
דהיינו שכל שאר התורה hатора шъар шеколь дhайну	то есть что все прочее (в) Торе –
הם פירוש של המצוה האחת הזאת hазот hаахат hамицва шель перуш hэм	это [они] толкование заповеди одной этой,
שאי אפשר לגמור מצוות ואהבת לרעך כמוך זולתם. зулатам камоха лерэаха вэаhавта мицват лигмор эфшар шеи	потому что невозможно завершить заповедь "Возлюби ближнего как себя" без них.

ואם עוד אפשר לנו להתיגע ולמצוא דרך ליישב דבריהם שבכאן, הנה ערוך לעינינו מאמר שני עוד יותר בולט, באותו הגר שבא לפני הלל (שבת לא.) ואמר לו "למדני כל התורה כולה כשאני עומד על רגל אחת, ואמר לו כל מה דעלך סני לחברך לא תעביד, (התרגום של ואהבת לרעך כמוך) ואידך, פירושא הוא זיל גמור", הרי לפנינו הלכה ברורה, אשר אין לנו שום העדפה בכל תרי"ב המצוות ובכל המקראות שבתורה על המצוה האחת של ואהבת לרעך כמוך. כיון שבאים רק כדי לפרש ולאפשר לנו לקיים מצוות אהבת הזולת על היכנה, שהרי אומר בפירוש "ואידך פירושא הוא זיל גמור", דהיינו שכל שאר התורה הם פירוש של המצוה האחת הזאת שאי אפשר לגמור מצוות ואהבת לרעך כמוך זולתם.

Как сделать текст "своим"

Для этого вы можете:

Чтобы лучше освоиться в тексте, вы можете выполнить следующие действия:

– прослушать аудиозапись данного отрывка, одновременно следя (буквально, водя пальцем по тексту);

– слушая отдельными фразами, постараться повторить их вслед за чтецом, желательно сделать это несколько раз;

– попробовать самому прочитать текст, не включая аудиозапись.

Конечно, вы можете сами придумывать и пробовать всевозможные варианты работы с текстом. Есть одно хорошее правило: чем больше органов вашего восприятия задействованы в работе, тем глубже "погружение" в предмет исследования.

КАББАЛИСТИЧЕСКИЙ ИВРИТ

От "ветви к корню"

("внутреннее" содержание слов, раскрытое нам каббалистами)

(תורה – Тора) – Высшая сила, наполняющая человека раскрытием Творца, Свет, наполняющий 613 желаний;

(מצוות – заповеди) – исправление желаний по отношению к ближнему;

(אהבה – любовь) – когда желания ближнего становятся моими желаниями. Любовь к ближнему – свобода, любовь к себе – смерть.

Уголок грамматики

В иврите, как и в русском языке, имеются личные местоимения первого, второго и третьего лица в единственном и во множественном числе. Каждому личному местоимению соответствует свое местоименное окончание.

אני (я, муж.р., жен.р.) – окончание י (и)

אתה (ты, муж.р.) – окончание ך (ха)

את (ты, жен.р.) – окончание ך (х)

הוא (он) – окончание ו (о)

היא (она) – окончание ה (а)

אנחנו = אנו (мы, муж.р., жен.р.) – окончание נו (ну)

אתם (вы, муж.р.) – окончание כם (хэм)

אתן (вы, жен.р.) – окончание כן (хэн)

הם (они, муж.р.) – окончание הם (hэм), или ם (м)

הן (они, жен.р.) – окончание הן (hэн), или ן (н)

Местоименное окончание может присоединяться к словам (предлогам, существительным, глаголам).

לנו = ל + נו (нам, у нас)

דבריהם = דברים + הם (их слова)

חברך = חבר + ך (товарища твоего)

Вы можете попробовать найти в этом абзаце личные местоимения и слова с местоименными окончаниями. Потом попробуйте их записать и проговорить вслух.

Полезная информация

- כ в начале слова всегда читается, как "к" – כתר (корона, к_э_тэр)

- כ в конце слова читается, как "х" и пишется ך – מלך (царь, м_э_лех)

- פ в начале слова всегда читается, как "п" – פנים (лицо, пан_и_м)

- פ в конце слов всегда читается, как "ф" и пишется ף – סוף (конец, соф)

- ח в конце слов читается, как "ах" и является безударным слогом (כח – сила). Читается не "кох", а "к_о_ах"

УРОК 3

И прежде чем проникнем в глубину темы,	ובטרם נחדור לעומק הדבר hадавар леомэк нахдор увэтэрэм
мы должны [на нас] вглядеться в заповедь эту, (в) ее сущность,	עלינו להתבונן במצוה הזאת גופה, гуфа hазот бамицва леhитбонэн алэйну
так как заповедано нам "Возлюби ближнего как себя",	כי נצטוינו "ואהבת לרעך כמוך" камоха лерэаха вэаhавта ництавэну ки
где слово "как себя" говорит нам, что возлюби ближнего	אשר מלת "כמוך", אומר לנו שתאהב את חברך хавэрха эт шетоhав лану омэр камоха милат ашер
в той мере, что ты любишь себя,	באותו השיעור שאתה אוהב את עצמך ацмэха эт оhэв шеата hашиур бэото
не меньше, – никаким (иным) образом что (есть) на свете.	לא פחות בשום פנים שבעולם, шебаолам паним бэшум пахот ло
Это говорит, что ты обязан стоять всегда на страже	זאת אומרת שאתה מחויב לעמוד תמיד על המשמר hамишмар аль тамид лаамод мэхуяв шеата омэрэт зот
и наполнять потребности каждого [человека и человека] из всего "народа израильского"	ולמלאות צרכי כל איש ואיש מכל האומה הישראלית, hаисраэлит hаума миколь вэиш иш коль цоркэй улемалот
не меньше (того) как ты всегда стоишь на страже	לא פחות כמו שאתה עומד תמיד על המשמר hамишмар аль тамид омэд шеата кмо пахот ло
(чтобы) наполнять собственные потребности, что [что это – оно]	למלאות את צרכי עצמך, אשר זה הוא hу зэ ашер ацмэха цоркэй эт лемалот
совершенно из (области) невозможного. Ибо немногочисленны те, которые смогут	לגמרי מן הנמנעות, כי לא רבים המה hэма рабим ло ки hанимнаот мин легамрэй
в рабочий день их наполнить достаточно свои потребности,	שיוכלו ביום העבודה שלהם למלאות די צרכי עצמם ацмам цоркэй дэй лемалот шелаhэм hаавода байом шеюхлу
и как ты возлагаешь на него работать и обеспечивать	ואיך אתה מטיל עליו לעבוד ולספק улесапэк лаавод алав мэтиль ата вээйх
потребности всего народа? И это невозможно совершенно	את משאלות כל האומה? וזאת לא יתכן כלל клаль итахэн ло вэзот hаума коль мишъалот эт
- думать, что Тора говорит путем преувеличения,	לחשוב שהתורה מדברת על דרך הגזמה hагзама дэрэх аль мэдабэрэт шеhатора лахшов
так как (именно) поэтому предупреждает нас Тора:	כי ע"כ מזהירה אותנו התורה hатора отану мазhира аль-кэн ки
"Не прибавь и не убавь..." и так далее, (чтобы) сказать тебе,	לא תוסף ולא תגרע וכו', לומר לך леха ломар вэхулэй тигра вэло тосиф ло
что эти слова и законы сказаны с предельной [энергичной] точностью	שהדברים והחוקים נאמרו בדיוק נמרץ. нимрац бэдиюк нээмру вэhахуким шеhадварим

ובטרם נחדור לעומק הדבר עלינו להתבונן במצוה הזאת גופה, כי נצטוינו "ואהבת לרעך כמוך" אשר מלת "כמוך", אומר לנו שתאהב את חברך באותו השיעור שאתה אוהב את עצמך לא פחות בשום פנים שבעולם, זאת אומרת שאתה מחויב לעמוד תמיד על המשמר

ולמלאות צרכי כל איש ואיש מכל האומה הישראלית, לא פחות כמו שאתה עומד תמיד על המשמר למלאות את צרכי עצמך, אשר זה הוא לגמרי מן הנמנעות, כי לא רבים המה שיוכלו ביום העבודה שלהם למלאות די צרכי עצמם ואיך אתה מטיל עליו לעבוד ולספק את משאלות כל האומה? וזאת לא יתכן כלל לחשוב שהתורה מדברת על דרך הגזמה כי ע"כ מזהירה אותנו התורה לא תוסף ולא תגרע וכו', לומר לך שהדברים והחוקים נאמרו בדיוק נמרץ.

Как сделать текст "своим"

– Вы можете в начале прослушать этот отрывок, следя по тексту.

– Попробуйте проговорить этот текст вслед за чтецом.

– Если вы уже освоили письменные буквы, вы можете попробовать переписать одну-две фразы. Если письменные буквы еще "не даются", попробуйте написать печатными. В любом случае при помощи письма задействуется многие уровни восприятия: тактильный, зрительный, если вы проговариваете слова, когда пишете – и речь, а самое главное, задействуется очень важный "уровень восприятия": "Я могу".

– Если вы уже привыкли, слушая чтеца, повторять за ним звучание слов, тогда вы можете прослушивать текст короткими фразами, и, составив небольшую табличку, записывать их на иврите, и под каждым словом писать русский перевод.

От "ветви к корню"

("внутреннее" содержание слов, раскрытое нам каббалистами)

(**האומה הישראלית**) – народ Израиля) – группа Авраама, или же, во внутренней работе человека – совокупность желаний, устремляющих его к Творцу;

(**אומה** – народ) – все желания и мысли;

(**ישראל** = **אל** + **ישר**) – прямо к Творцу.

Уголок грамматики

В иврите существуют понятия "корень" и "модель. Корневые буквы являются как бы кирпичиками, из которых строится слово. Слово может состоять как только из корневых букв, так и с участием вспомогательных букв, образующих приставки и суффиксы.

Одиннадцать букв алфавита могут входить в состав корня и могут образовывать приставки и суффиксы – **א, ב, ה, ו, י, כ, ל, מ, נ, ש, ת.**

Остальные буквы могут входить только в состав корня **ג, ד, ז, ח, ט, ס, ע, פ, צ, ק, ר.**

Если убрать корневые буквы из слова, оставив только их звучание, получится модель этого слова.

Пример:

ע.ל.מ – корень, означающий "исчезать", "скрываться".

להעלם (*лhеалэм*) – глагол в неопределенной форме "исчезать", "скрываться".

העלמה (*hаалама*) – существительное "сокрытие".

העלמות (*hээлмут*) – существительное "исчезновение".

עלום (алум) – прилагательное "скрытый".

Попробуйте, пользуясь русским переводом, найти в данном абзаце и выписать слова с корнями ע.ב.ד и ר.ב.ד.

Проговорите эти слова и напишите под каждым словом его перевод.

Полезная информация

Умение вычленять корни и распознавать модели очень помогает в освоении текста. Начало и конец слова могут служить эффективным средством распознавания слов.

Например, если:

начало слова – הת,

конец слова – ות,

то можно предположить, что имеется в виду абстрактное существительное:

התגברות – (преодоление)

התנגדות – (сопротивление)

УРОК 4

Четвертая, а также некоторые другие главы статьи "Матан Тора" состоят из двух или нескольких абзацев. Для того, чтобы не "перегружать" вас огромными текстами, каждый абзац мы будем приводить в отдельной табличке. Под каждой из них будет оригинальный текст этого абзаца.

И если тебе этого мало, говорю тебе, что простой смысл	ואם מעט לך זה, אומר לך, שפשטה шепшата леха омар зэ леха мэат вэим
этой заповеди любви к ближнему еще жестче:	של המצוה הזאת של אהבת הזולת מחמירה עוד од махмира hазулат аhават шель hазот hамицва шель
что на нас (возложено) предварить потребности наших товарищей	שעלינו להקדים צרכי חברינו хавэрэну цоркэй леакдим алену ше
своим нуждам [на нужды нас самих], как сказано в [путем, которым написали] То-сафот (комментарии)	על צרכי עצמינו, על דרך שכתבו התוספות hатосафот шекатву дэрэх аль ацмэну цоркэй аль
от имени Иерусалимского (Талмуда) - (трактат Кидушин, лист 20) в отрывке	בשם הירושלמי (קידושין דף כ.) בפסוק бапасук (каф даф кидушин) hерушалми бэшем
"Ибо хорошо ему с тобой", сказанном о рабе-еврее,	"כי טוב לו עמך" האמור לגבי עבד עברי, иври эвэд легабэй hаамур имах ло тов ки
и сказано: [и это их язык] «...что иногда, когда нет у него (больше, а) только одна подушка (муж.р),	וזה לשונם: דפעמים שאין לו אלא כר אחד, эхад кар эла ло шеэйн дэпаамим лэшонам вэзэ
и если лежит на ней сам, и не отдает [его] рабу	ואם שוכב עליו בעצמו ואינו נותנו לעבד лаэвэд нотно вээйно бэацмо алав шохэв вэим
- вот, он не выполняет "ибо хорошо ему с тобой",	הרי אינו מקיים כי טוב לו עמך, имах ло тов ки мэкайем эйно hарэй
так как [что] он лежит на подушке, а раб на земле.	שהוא שוכב על כר והעבד על הארץ. hаарэц аль вэhаэвэд кар аль шохэв шеhу

И если он не лежит на ней а также не отдает ее своему рабу,	ואם אינו שוכב עליו וגם אינו מוסרו לעבדו лэавдо мосро эйно вэгам алав шохэв эйно вэим
ведь это – свойство Содома. Получается [имеется], что вынужденно должен передать ее своему рабу	הרי זו מדת סדום. נמצא, שעל כרחו צריך למסרו לעבדו лэавдо лэмосро цариx корxо шеаль нимца сдом мидат зу hарей
а сам господин (пусть) лежит на земле.	והאדון עצמו שוכב על הארץ. hаарец аль шохэв ацмо вэhаадон

ואם מעט לך זה, אומר לך, שפשטה של המצוה הזאת של אהבת הזולת מחמירה עוד שעלינו להקדים צרכי חברינו על צרכי עצמינו, ע"ד שכתבו התוס' בשם הירושלמי (קידושין דף כ.) בפסוק "כי טוב לו עמך" האמור לגבי עבד עברי, וזה לשונם: דפעמים שאין לו אלא כר אחד, ואם שוכב עליו בעצמו ואינו נותנו לעבד הרי אינו מקיים כי טוב לו עמך, שהוא שוכב על כר והעבד על הארץ. ואם אינו שוכב עליו וגם אינו מוסרו לעבדו הרי זו מדת סדום. נמצא, שעל כרחו צריך למסרו לעבדו והאדון עצמו שוכב על הארץ. עכ"ל עש"ה.

И мы учим [находимся учащими] тот (же) закон также в нашем высказывании [в написанном]	ונמציינו למידים אותו הדין גם בכתוב שלנו шелану бакатув гам hадин ото лемидим вэнимцэну
о мере любви к ближнему, что ведь и здесь уравнивает (это) высказывание:	בשיעור אהבת הזולת, שהרי גם כאן השוה הכתוב hакатув hишва кан гам шеhарэй hзулат аhават бэшиур
наполнение потребностей ближнего – (оно) как наполнение собственных потребностей,	את מילוי צרכי חבירו כמו מילוי צרכי עצמו, ацмо цоркэй милуй кмо хаверо цоркэй милуй эт
как (в) примере «Ибо хорошо ему с тобой», который (говорит) о рабе-еврее, так,	כדוגמת "כי טוב לו עמך" שבעבד עברי, באופן, бэофэн иври шебээвэд имах ло тов ки кэдугмат
что и здесь, в случае, если нет у него (хозяина)(ничего), а только один стул,	שגם כאן במקרה אם אין לו אלא כסא אחד эхад кисэ эла ло эйн им бэмикрэ кан шегам
а у ближнего (т.е. его раба) нет стула вообще, выходит постановление,	ולחברו אין כסא כלל, יוצא פסק ההלכה, hаhалаха псак йоцэ клаль кисэ эйн вэлехавэро
что если он сидит на нём и не отдаёт его ближнему, – вот, он	שאם הוא יושב עליו ואינו נותנו לחברו הריהו hарэйhу лехавэро нотно вээйно алав йошев hу шеим
преступает предписывающую заповедь "Возлюби ближнего своего, как себя",	עובר על מצות עשה של ואהבת לרעך כמוך, камоxа лэрэаxа вэаhавта шель асэ мицват аль овэр
так как не наполняет потребности ближнего (так), как он наполняет свои потребности.	כי אינו ממלא צרכי חברו כמו שהוא ממלא צרכי עצמו ацмо цоркэй мэмалэ шеhу кмо хаверо цоркэй мэмалэ эйно ки
И если он не сидит на нём (на стуле) и также не даёт его ближнему,	ואם הוא אינו יושב עליו וגם אינו נותנו לחברו, лехавэро нотно эйно вэгам алав йошев эйно hу вэим
ведь это злоба, подобная свойству Содома, но, (говорится) что должен отдать его (стул) ближнему	הרי זו רשעות כמדת סדום, אלא שמחויב ליתנו לחברו лехавэро литно шемэхуяв эла сдом кэмидат рэшъут зу hарэй
сидеть на нем, а он сам будет сидеть на земле или стоять.	לשבת עליו והוא עצמו ישב על הארץ או יעמוד. яамод о hаарец аль йешев ацмо вэhу алав лашевэт

И понятно (само собой), что так же этот закон сказан обо всех необходимых (вещах),	ומובן מעצמו שכן הדין אמור בכל הצרכים ацрахим бэхоль амур hадин шекэн мэацмо умуван	
что есть у него и недостают ближнему. И отныне выйди и учи,	שמצויים לו וחסרים לחברו, ומעתה צא ולמד, улмад цэ умэата лехаверо вахэсарим ло шемэцуим	
(находится) ли заповедь эта в области возможного – (чтобы) выполнить её?	האם המצוה הזאת היא בגדר האפשרות לקיימה ? лекайма hаэфшарут бэгэдэр hи hазот hамицва hаим	

ונמצינו למידים אותו הדין גם בכתוב שלנו בשיעור אהבת הזולת, שהרי גם כאן השווה הכתוב את מילוי צרכי חבירו כמו מילוי צרכי עצמו, כדוגמת "כי טוב לו עמך" שבעבד עברי, באופן, שגם כאן במקרה אם אין לו אלא כסא אחד ולחברו אין כסא כלל, יוצא פסק ההלכה, שאם הוא יושב עליו ואינו נותנו לחברו הריהו עובר על מצות עשה של ואהבת לרעך כמוך, כי אינו ממלא צרכי חברו כמו שהוא ממלא צרכי עצמו. ואם הוא אינו יושב עליו וגם אינו נותנו לחברו, הרי זו רשעות כמדת סדום, אלא שמחויב ליתנו לחברו לשבת עליו והוא עצמו ישב על הארץ או יעמוד. ומובן מעצמו שכן הדין אמור בכל הצרכים שמצויים לו וחסרים לחברו, ומעתה צא ולמד, האם המצוה הזאת היא בגדר האפשרות לקיימה?

Как сделать текст "своим"

Для этого можно:

– Прослушайть аудиозапись этого отрывка, одновременно следя по тексту.

– Повторить по фразам, вслед за чтецом, следя по тексту (и желательно не один раз).

– А теперь можно попытаться самостоятельно, как взрослые, оставив перед глазами только оригинальный текст (без транслитерации и перевода), прочесть хотя бы часть его – а то и весь!

– Можно также попробовать, слушая аудиозапись короткими фразами, с помощью перевода, проговаривать вслух русский перевод каждого слова.

От "ветви к корню"

("внутреннее" содержание слов, раскрытое нам каббалистами)

אין (нет) – скрытие света хохма, или же – аннулирование наших желаний (из אני делает אין).

אחד (один) – высший свет, распространяющийся от Ацилута сверху вниз, без изменения формы.

הוא (он) – скрытая малхут.

ארץ (земля) – желание, направленное к Творцу.

Уголок грамматики

Существительные в иврите имеют два рода: мужской и женский. Имена женского рода в основном образуются при помощи окончаний:

Если существительное заканчивается на -ת, -ה то, как правило, это существительные женского рода אפשרות*,* (מצוה)*.*

Существительные мужского рода специальных окончаний не имеют (כר, גדר, אדון)*.*

Множественное число существительных женского рода образуется при помощи окончания – ות (מצוה – מצוות)*.*

КАББАЛИСТИЧЕСКИЙ ИВРИТ

Множественное число существительных мужского рода образуется при помощи окончания -ים (פעם – פעמים).

Географические названия имеют женский род (ישראל). *Слова "город", "земля"* (עיר, ארץ) – *женского рода*.

Зная это, вы уже можете найти в тексте и выписать отдельно существительные мужского и женского родов. Произнесите их вслух. Напишите рядом с каждым из них перевод (сверяясь с переводом, данным в тексте). Также вы можете попробовать поработать с "чистым" ивритским текстом, ища неизвестные слова в словаре.

Полезная информация

В текстах, написанных каббалистами, встречаются иногда слова, или части слов, "перекочевавшие" из арамейского языка.

Вот некоторые грамматические признаки арамита:

Слова заканчиваются на – א (דוגמא = דוגמה).

Окончание мн. числа женского рода – ן вместо – ות.

Окончание множественного числа мужского рода – ין вместо – ים.

Предлог – ד вместо – של (принадлежность к кому, или к чему – либо).

УРОК 5

И прежде всего на нас (возложено) понять, почему дана Тора только лишь	וקודם כל עלינו להבין, למה ניתנה התורה ביחוד бэихуд hатора нитна лама леhавин алейну коль вэкодэм
народу израильскому, а не дана всем приходящим в мир в равной степени?	לאומה הישראלית ולא ניתנה לכל באי העולם בשווה יחד яхад бэшавэ hаолам бай лехоль нитна вэло hаисраэлит лаума
Есть ли здесь, не дай Б-г, (что-то) от национального предпочтения?	היש כאן ח"ו משום לאומיות? леумиют мишум хас-вэшалом кан hайеш
И понятно, что только душевнобольной [вышедший из знания] может помыслить такое.	וכמובן, אשר רק היוצא מדעתו יכול להרהר כזאת. казот леhаphэр яхоль мидаато hайоцэ рак ашер, вэхамуван
И действительно, уже останавливались каббалисты на вопросе этом,	ובאמת, כבר עמדו חז"ל בשאלה זו, зу бэшеэла хазаль амду квар, увээмэт
ведь это имелось в виду ими, в том что сказали каббалисты,	שזוהי כוונתם במה שאמרו ז"ל заль шеамру бэма каванатам шезоhи
(трактат «Авода Зара», лист 2) что провел [вернул] ее (Тору) Творец	(ע"ז ב:) שהחזירה הקב"ה hакадош-барух-hу шеэхзира бэт зара авода
через каждый народ и язык, но не приняли ее, как известно.	על כל אומה ולשון ולא קיבלוה, כנודע канода киблуhа вэло вэлашон ума коль аль
Однако, что трудно для (понимания) их слов: если так, – почему названы мы	אולם מה שקשה לדבריהם, אם כן למה נקראנו никрэну лама кэн им лэдиврэйhэм шекашэ ма улам
народом избранным, как написано: тебя избрал Творец и т.д. -	העם הנבחר כמ"ש בך בחר ה' וכו' вэхулэй hашем бахар бэха кмо-ше-катув hанивхар hаам
после того как не было какого либо другого народа который захотел бы ее?	מאחר שלא היה מי שהוא מאומה אחרת שירצה בה. ба шеирцэ ахэрэт меума шеhу ми hайя шело мэахар
И еще (странно), что слова эти затруднены (для понимания) изначально: возможно ли,	ועוד, שהדברים מוקשים מעיקרם, היתכן hаитахэн мэикарам мукшим шеhадварим вэод

чтобы Творец пришел со своей Торой в руке и вел переговоры	שהקב"ה בא עם תורתו בידו ונשא ונתן внатан вэнаса бэядо торато им ба шеhакадош-барух-hу
с "народами земель" дикими теми, – ведь не слыхано	עם עמי הארצות הפראיים ההם, אשר לא נשמע нишма ло ашер hаhэм hапраиим hааруцот амэ им
никогда [от мира] такого, и неприемлемо для сердца совершенно.	מעולם כזאת ואינו מקובל על הלב כלל. кляль hалев аль мэкубаль вээйно казот мэолам

וקודם כל עלינו להבין, למה ניתנה התורה ביחוד לאומה הישראלית ולא ניתנה לכל באי העולם בשווה יחד, היש כאן ח"ו משום לאומיות? וכמובן, אשר רק היוצא מדעתו יכול להרהר כזאת. ובאמת, כבר עמדו חז"ל בשאלה זו, שזוהי כוונתם במה שאמרו ז"ל (ע"ז ב:) שהחזירה הקב"ה על כל אומה ולשון ולא קיבלוה, כנודע.

אולם מה שקשה לדבריהם, אם כן למה נקראנו העם הנבחר כמ"ש בך בחר ה' וכו' מאחר שלא היה מי שהוא מאומה אחרת שירצה בה. ועוד, שהדברים מוקשים מעיקרם, היתכן שהקב"ה בא עם תורתו בידו ונשא ונתן עם עמי הארצות הפראיים ההם, אשר לא נשמע מעולם כזאת ואינו מקובל על הלב כלל.

Как сделать текст "своим"

– Прослушайте этот текст (желательно, не один раз).

– Теперь попробуйте короткими фразами, вслед за чтецом проговорить их, следя по тексту и проговорить русский перевод этой фразы, используя данную таблицу с переводом.

– Далее Вы можете сами читать вслух по одному предложению, переписывать его и попробовать перевести (не пользуясь таблицей). Над словами, значение которых Вы, пока, не знаете надпишите их русский перевод (из таблицы). Повторите это с каждым предложением.

– Прочитайте целиком весь отрывок, пользуясь вариантом текста без перевода и транслитерации. Можете ли Вы рассказать по русски, о чем идет в нем речь?

Помните, что цель – не изучение языка, а понимание сути прочитанного, или услышанного.

От "ветви к корню"

("внутреннее" содержание слов, раскрытое нам каббалистами)

עולם (мир) – скрытие, облачение на Творца. От להעלם (скрываться, исчезать).

Мир духовный – желания, направленные во вне себя. Мир материальный – желания, направленные внутрь себя.

שאלה (вопрос) – возбуждение эгоистических свойств, ощущаемое как противоречие, не дающее покоя, родственно слову שאול (преисподняя).

כוונה (намерение) – точка в сердце. От לכוון (направлять).

אחור (задняя сторона) – то, что вне моего состояния. От אחר (другой).

Обратите внимание на модели слов (корневые буквы в словах выделены).

Уголок грамматики

- **Согласование прилагательных и существительных.**

В предложениях прилагательное всегда стоит после существительного и согласуется с ним по роду и числу.

Например:

אומה הישראלית - (израильский народ). **אומה** – существительное женского рода. **הישראלית** – прилагательное женского рода.

- **Окончания прилагательных.**

Прилагательные мужского рода единственного числа заканчиваются на **י** *(и),* **ה** *(э).*

Прилагательные мужского рода множественного числа заканчиваются на **ים** *(им).*

Прилагательные женского рода единственного числа заканчиваются на **ת** *(ээт),* **יה** *(иа),* **ית** *(ит),* **ה** *(а).*

Женский род, множественное число заканчивается на **ות** *(от).*

- **Определенный артикль ה с прилагательными.**

Определенный артикль присоединяется к прилагательным, если:

1) перед существительным тоже стоит определенный артикль;

2) существительное является именем собственным;

3) существительное имеет местоименный суффикс.

Немного практики

Попробуйте выписать отдельно имена существительные и прилагательные из данного текста. Найдите в них корневые буквы. Что означают эти слова?

Полезная информация

В неогласованном письме, если есть в слове подряд две буквы **י**, то они читаются как "ий": (**חיים**)

Если есть подряд две буквы **ו**, то они читаются, как "в": (**כוונה**).

УРОК 6

Однако когда поймем хорошо сущность Торы	אולם כשנבין היטב את מהות התורה hatora mahyt эт hэйтэв кшенавин улам
и заповедей, данных нам, и желаемое от их исполнения	והמצוות הנתונות לנו ואת הנרצה מקיומם, микиюмам hанирцэ вээт лану hанэтунот вэhамицвот
в (той) мере, что указали нам каббалисты	בשיעור שהורונו חז"ל, хазаль шеhоруну башиур
что это [что он] цель всего творения великого,	שהוא תכלית כל הבריאה הגדולה hагдола hабрия коль тахлит шеhу
предстающего [приготовленного] нашим глазам тогда поймем все.	הערוכה לעינינו, אז נבין הכל. hаколь навин аз леэйнэйну hааруха

כי מושכל ראשון הוא, hу ришон мускаль ки	Поскольку аксиома такова [он],
שאין לך פועל בלי תכלית, тахлит бли поэль леха шеэйн	что нет [что нет у тебя] действующего без цели,
ואין לך יוצא מהכלל הזה hазэ меhаклаль йоцэ леха вээйн	и нет исключения [выходящего] из правила этого,
זולת הירודים שבמין האנושי או התינוקות, hатинокот о hаэноши шебамин hаярудим зулат	кроме низших, что в роде человеческом или младенцев,
וא"כ לא יוטל ספק כלל על הבורא ית' итбарах hаборэ аль клаль сафэк юталь ло вэ им кэн	и после этого не возникнет [не будет брошено] сомнения вообще о Творце,
שלרוממותו אין חקר, хэкер эйн шелеромэмуто	величие которого безмерно [что величию Его нет исследования]
שיפעל ח"ו דבר קטן או גדול בלי תכלית. тахлит бли гадоль о катан давар хас-вэшалом шейфъаль	что сделает, Б-же упаси, дело малое или большое без цели.

אולם כשנבין היטב את מהות התורה והמצוות הנתונות לנו ואת הנרצה מקיומם, בשיעור שהורונו חז"ל, שהוא תכלית כל הבריאה הערוכה לעינינו, אז נבין הכל. כי מושכל ראשון הוא, שאין לך פועל בלי תכלית, ואין לך יוצא מהכלל הזה זולת הירודים שבמין האנושי או התינוקות, וא"כ לא יוטל ספק כלל על הבורא ית' שלרוממותו אין חקר, שיפעל ח"ו דבר קטן או גדול בלי תכלית.

והורונו חז"ל על זה שלא נברא העולם hаолам нивра шело зэ аль хазаль вэhоруну	И указали нам каббалисты на то, что не сотворен мир
אלא בשביל קיום התורה והמצוות. вэhамицвот атора киюм бишвиль эла	кроме как для исполнения Торы и заповедей.
פירוש הדבר, כפי שבארוה לנו הראשונים ז"ל, заль hаришоним лану шебеаруа кэфи hадавар перуш	Смысл этого, как объяснили ее нам Первые (каббалисты 11-15 веков),
כי כונת הבורא ית' על הבריאה מעת שנבראה шениврэа мээт hабрия аль итбарах аборэ каванат ки	что намерение Творца в отношении творения со времени, когда сотворено (жен.р.),
הוא להודיע את אלקותו לזולתו. лезулато элокуто эт лэhодиа hy	оно (намерение) – сообщить свою Высшую суть другому (т.е. творению)
כי דבר הודעת אלקותו מגיע לנברא במדת שפעו הנעים hанаим шифъо бэмидат ленивра мэгиа элокуто hодаат двар ки	Так как сообщение Высшей сути Творца приходит к творению мерой наслаждения приятного,
ההולך ומתרבה אליו עד השיעור הרצוי hарацуй ашиур ад элав умитрабэ hахолэх	постоянно возрастающего [идет и множится] для него, до желанной величины.
שבזאת מתרוממים השפלים בהכרה אמיתית амитит бэhакара hашфэлим митромэмим шебазот	так как этим поднимаются низшие в осознании истинном
להיות למרכבה אליו ית' ולדבקה בו, бо уледовка итбарах элав лемэркава лиhйот	быть вместилищем [колесницей] для Него, да благословится Он, и слиться с Ним,
עד שמגיעים לשלמותם הסופית: hасофит лишлемутам шемагиим ад	пока не приходят к совершенству окончательному:
"עין לא ראתה אלקים זולתך" "зулатэха элоким раата ло аин"	«Никто [глаз] не видел (другого) Творца кроме Тебя»

так что в силу величия и великолепия совершенства этого	אשר מרוב גודלה ותפארתה של השלמות ההיא hahи hашлемут шель вэтифъарта годла меров ашер
и Тора и пророчество остерегались говорить даже слово одно о превосходстве этом	גם התורה והנבואה נשמרו לדבר אף מלה אחת מהפלגה זו, зу мэhафлага ахат мила аф ледабэр нишмэру вэhанэвуа hатора гам
как намекали на это каббалисты (трактат Брахот, лист 34): «Все пророки	כמו שרמזו על זה חז"ל (ברכות ל"ד:) "כל הנביאים анэвиим коль» (далет ламэд брахот) хазаль зэ аль шерамзу кмо
не пророчествовали, кроме как для дней Машиаха, но в будущем мире	לא נתנבאו אלא לימות המשיח אבל לעולם הבא аба лаолам аваль амашиах лиймот эла нитнабъу ло
– никто [глаз] не видел Творца другого, кроме Тебя.	עין לא ראתה אלקים זולתך". «зулатэха элоким раата ло аин

והורונו חז"ל על זה שלא נברא העולם אלא בשביל קיום התורה והמצוות. פירוש הדבר, כפי שבארוה לנו הראשונים ז"ל, כי כונת הבורא ית' על הבריאה מעת שנבראה הוא להודיע את אלקותו לזולתו. כי דבר הודעת אלקותו מגיע לנברא במדת שפעו הנעים ההולך ומתרבה אליו עד השיעור הרצוי. שבזאת מתרוממים השפלים בהכרה אמיתית להיות למרכבה אליו ית' ולדבקה בו, עד שמגיעים לשלמותם הסופית: "עין לא ראתה אלקים זולתך" אשר מרוב גודלה ותפארתה של השלמות ההיא גם התורה והנבואה נשמרו לדבר אף מלה אחת מהפלגה זו, כמו שרמזו על זה חז"ל (ברכות ל"ד:) "כל הנביאים לא נתנבאו אלא לימות המשיח אבל לעולם הבא עין לא ראתה אלקים זולתך".

И выражается совершенство это в словах Торы и пророчеств,	ומתבטאת השלמות הזו בדברי התורה והנבואה вэhанэвуа hатора бэдиврэй hазу hашлемут умитбатъэт
и каббалистов ["של = (арам.) ד"-] – только простым словом "слияние".	ודחז"ל, רק במלה הפשוטה "דביקות". двейкут hапшута бамила рак вэдэхазаль
И вот, по причине [из] употребления [вращения] этого слова в устах масс	והנה מתוך גלגולה של מלה זו בפיות ההמון аhамон бэфийот зу мила шель гильгула митох вэhинэ
почти что потеряло оно все содержание	כמעט שאיבדה כל תוכן, тохэн коль шеибда кимъат
Однако, если задержишь мысль свою на слове этом мгновение малое,	אולם אם תשהה את רעיונך על המלה הזאת רגע קט, кат рэга hазот hамила аль раайонха эт ташhэ им улам
останешься стоящим и пораженным высотой его удивительной.	תשאר עומד ומשתומם על גובהה המפליא, hамафли говhа аль умиштомэм омэд тишаэр
Ибо представь себе содержание божественного – и "привлекательность" ценности творения низменного,	כי תצייר לך העניין האלקי וחין ערכו של הנברא השפל, hашафэль hанивра шель эрко вэхэн hаэлоки hаиньян леха тэцайер ки
тогда сможешь оценить отношение слияния (из сравнения) одного с другим [от этого к этому].	אז תוכל לערוך יחס הדביקות מזה לזה, лазэ мизэ hадвекут яхас лаарох тухаль аз
И тогда поймешь, почему мы делаем [помещаем] слово это	ואז תבין, למה אנו שמים את המלה הזאת hазот hамила эт самим ану лама тавин вэаз
целью всего творения великого этого.	לתכלית כל הבריאה הגדולה הזאת hазот hагдола hабрия коль летахлит
Выходит, из наших слов, что цель всего творения, это	היוצא מדברינו, אשר תכלית כל הבריאה היא, hи hабрия коль тахлит ашер мидварэну hайоцэ

когда сотворенные низменные смогут с помощью выполнения Торы и заповедей	אשר הברואים השפלים יוכלו ע"י קיום התורה והמצוות вэhамицвот hатора киюм аль-ядэй юхлу hашфелим hабруим ашер
идти (все) выше и выше, идя и развиваясь	לילך מעלה מעלה הלוך ומתפתח умэпатэах hалох маала маала лейлэх
пока не удостоятся слиться с Творцом их.	עד שיזכו להדבק בבוראם ית' וית'. вэитъалэ итбарах бэборъам леhидабэк шеизку ад

ומתבטאת השלמות הזו בדברי התורה והנבואה ודחז"ל, רק במלה הפשוטה "דביקות". והנה מתוך גלגולה של מלה זו בפיות ההמון כמעט שאיבדה כל תוכן, אולם אם תשהה את רעיונך על המלה הזאת רגע קט, תשאר עומד ומשתומם על גובהה המפליא, כי תצייר לך הענין האלקי וחין ערכו של הנברא השפל, אז תוכל לערוך יחס הדביקות מזה לזה, ואז תבין, למה אנו שמים את המלה הזאת לתכלית כל הבריאה הגדולה הזאת.

היוצא מדברינו, אשר תכלית כל הבריאה היא, אשר הברואים השפלים יוכלו ע"י קיום התורה והמצוות לילך מעלה מעלה הלוך ומתפתח עד שיזכו להדבק בבוראם ית' וית'.

Как сделать текст "своим"

Полезно помнить, что:

- все работы с текстом ведутся примерно по одной схеме – от простого к сложному

- для более полного погружения и освоения материала лучше всего задействовать все органы восприятия (зрительное, слуховое, речевое и тактильное). Как вы уже заметили, все предложения по обработке материала строятся из различных комбинаций этих четырех.

- зрение и слух – "приемники" информации, речь и навыки письма – "передатчики" информации. Варьируя и сочетая работу с "приемниками" и "передатчиками", вы можете сами составлять для себя наиболее оптимальный режим работы с текстом.

Итак,

– Вы можете прослушать аудиозапись данного отрывка, следя по тексту и, одновременно, стараясь проговаривать слова и фразы вслед за чтецом. Старайтесь понемногу переходить на работу с "чистым" текстом (без транслитерации и перевода), используя "адаптированный" вариант лишь в случае, когда совсем ничего не понятно.

– Попробуйте прочесть сами это отрывок целиком.

– Прослушайте запись одного из абзацев, прочитайте его вслух и перепишите.

– Попытайтесь сделать сами перевод. Если попадается незнакомое слово, напишите над ним его перевод, посмотрев его в "адаптированном" варианте. Проработайте так весь данный отрывок.

– Теперь вы можете постараться, прослушивая запись короткими фразами, устно перевести этот текст.

От "ветви к корню"

("внутреннее" содержание слов, раскрытое нам каббалистами)

גדול (большой, великий) – раскрытие света хохма.

תכלית (конечная цель) – Творец, Тора и Исраэль – одно целое. Она выше пространства и всех средств ее достижения, выше всех миров.

הבורא ית' (Творец) – свет внутри творения, то, что раскрывается в связи между душами; свойство отдачи.

העולם הבא (мир будущий) – будущее состояние, отдача.

דביקות (слияние) – подобие в силе желания отдавать; отождествление со свойствами Творца.

מילים (слова) – свойства; имя "ветви", спустившейся из какого-либо "корня".

Уголок грамматики

- **Числительные**

В иврите, как и в русском есть числительные количественные (один, два и т.д.):

מלה אחת (одно слово)

и порядковые (первый, второй и т.д.):

מושכל ראשון (первое правило)

Количественные числительные различаются по родам и стоят перед существительным, количество которого они определяют (только числительное "один" ("одна") пишется после существительного).

Количественные числительные от 1 до 10:		
номер	мужской род	женский род
1	אחד (эх_а_д)	אחת (ах_а_т)
2	שנים (шн_а_им)	שתים (шт_а_им)
3	שלשה (шлош_а_)	שלש (ш_а_лош)
4	ארבעה (арб_а_а)	ארבע (_а_рба)
5	חמשה (хамиш_а_)	חמש (хам_э_ш)
6	ששה (шиш_а_)	שש (ш_э_ш)
7	שבעה (шивъ_а_)	שבע (ш_э_ва)
8	שמונה (шмон_а_)	שמונה (шм_о_нэ)
9	תשעה (тишъ_а_)	תשע (т_э_йша)
10	עשרה (асар_а_)	עשר (эс_э_р)

- **Корни и некорни**

Как уже упоминалось выше, умение вычленять корни и распознавать модели слов значительно ускоряют процесс освоения текста. В третьем уроке были приведены буквы, которые могут образовывать как корень, так и приставки и суффиксы и буквы, которые могут образовывать только корни. Вы можете, в качестве тренировки, выписать из данного текста несколько слов (удобнее начать с глаголов), сверяя значение по данному переводу, и попробовать найти в них корни, присоединенные предлоги и так далее, в общем, "разобрать" их.

Пример:

הפשוטה (простая):

– корень – פשט – (простота, простой смысл);

– в начале – ה – определенный артикль;

– в конце – ה – окончание женского рода, единственного числа;

– буква ו в средине корня – один из способов образования прилагательных.

Таким образом: а) ה-ו-ה в состав корня не входят; б) ו-ה – часть одной из моделей образования прилагательных женского рода.

Полезная информация

В каббалистических текстах часто используются всевозможные сокращения. Существуют следующие принципы их образования:

1. Если сокращается одно слово, то от него оставляют одну, две, или три буквы и над последней буквой ставится один наклонный штрих (герэш). Пример:

בס' = בספר (в книге)

ד' – דף (страница)

כנ"ז = כנזכר (как упомянуто)

2. Если сокращается два или более слов, то от всех слов оставляется по одной или две буквы, а перед последней ставятся два наклонных штриха (гершаим). Пример:

הקב"ה = הקדוש ברוך הוא (Творец, – "святой, благословен Он")

אדה"ר = אדם הראשון (первый человек)

או"מ = אור מקיף (окружающий свет)

УРОК 7

Однако здесь остановились каббалисты [мудрецы каббалы] и спросили:	אולם כאן עמדו חכמי הקבלה ושאלו, вэшаалу hакаббала хахмэй амду кан улам
«Почему не сотворил нас изначально [от начала] во всем том величии	למה לא בראנו מתחילה בכל אותה הרוממות hаромэмут ота бэхоль митхила браану ло лама
желаемом, (чтобы) слиться [прилепиться, приклеиться] с Творцом.	הרצויה להדבק בו ית', итбарах бо леhидабэк hарэцуйя
И зачем [и что] было Ему взваливать	ומה היה לו ית' לגלגל עלינו алейну легальгэль итбарах ло hайя ума
всю ношу и бремя [обузу] это – (бремя) творения, и Торы и заповедей?»	את כל המשא והטורח הזה של הבריאה והתורה והמצוות? вэhамицвот вэhатора hабрия шель hазэ вэhаторах hамаса коль эт
И ответили, что тот, кто ест не свое,	והשיבו, דמאן דאכיל דלאו דיליה дилей дэлав дэахиль дэман вэhэшиву
боится смотреть в глаза его (дающего), и так далее.	בהית לאסתכולא באפיה וכו'. вэхулэй бэапэй леистакула баhит
Это означает [смысл, толкование], что тот,	פירוש, כי מי שאוכל והנה вэhинэна шеохэль ми ки перуш
от труда [от усилий рук] товарища	מגיע כפיו של חברו хавэро шель капав мийегиа
боится он смотреть ему в лицо [в образ его лица]	מפחד הוא להסתכל בתואר פניו, панав батоар леhистакэль hу мэфахэд
так как делается все более униженным ["вэhолэх" (и идет) = "все больше"] этим	כי נעשה מושפל והולך ע"י ז аль-ядэй-зэ вэhолэх мушпаль нааса ки
до того, что теряет облик [форму] человеческий.	עד שמאבד צורתו האנושית. hаэношит цурато шемэабэд ад

И из того, что следует [продолжается] из совершенства Творца	ומתוך שמה שנמשך משלימותו ית' ויתעלה вэитъалэ итбарах мишлемуто шенимшах шема умитох	
не может быть, чтобы был [находился] в Нем недостаток,	לא יתכן שימצא בו חסרון, хисарон бо шеимацэ итахэн ло	
поэтому оставил для нас место (возможность) заработать самим	לכן הניח לנו מקום להרויח בעצמינו את эт бэацмэну леhарвиах маком лану hиниах лахэн	
свое величие желаемое с помощью работы [действия рук наших] в Торе и в заповедях.	רוממותינו הנרצית על ידי מעשה ידינו בתורה ומצוות. умицвот бэтора ядэйну маасэ ядэй аль hанирцэт ромэмутэну	
И слова эти, они очень глубоки [глубже из всего глубокого],	ודברים אלו המה עמוקים מכל עמוק, амок миколь амуким hэма элу удварим	
и (я) уже объяснял их в достаточной мере в своей книге	וכבר בארתי אותם במתכונתם בספרי бэсифри бэматкунтам отам биарти ухвар	
«Лик объясняющий», (комментарии) на «Древо жизни», в разделе [ветви] первом,	פנים מסבירות לעץ החיים בענף הראשון, hаришон баанаф hахаим лээц масбирот паним	
и в книге «Талмуд Десяти Сфирот», (раздел) «Внутреннее созерцание», часть первая,	ובספר תלמוד עשר הספירות, הסתכלות פנימית חלק א', алеф хэлек пнимит hистаклут hасфирот эсэр талмуд убэсэфэр	
и тут объясню их кратко, чтобы были понятны каждому [каждой душе].	וכאן אפרשם בקצרה, שיהיו מובנים לכל נפש. нэфэш лехоль муваним шейиhъю бикцара афарашем вэхан	

אולם כאן עמדו חכמי הקבלה ושאלו, למה לא בראנו מתחילה בכל אותה הרוממות הרצויה להדבק בו ית', ומה היה לו ית' לגלגל עלינו את כל המשא והטורח הזה של הבריאה והתורה והמצוות? והשיבו, דמאן דאכיל דלאו דיליה בהית לאסתכולא באפיה וכו'. פירוש, כי מי שאוכל ונהנה מיגיע כפיו של חברו מפחד הוא להסתכל בתואר פניו, כי נעשה מושפל והולך עי"ז עד שמאבד צורתו האנושית. ומתוך שמה שנמשך משלימותו ית' ויתעלה לא יתכן שימצא בו חסרון, לכן הניח לנו מקום להרויח בעצמינו את רוממותינו הנרצית על ידי מעשה ידינו בתורה ומצוות.

ודברים אלו המה עמוקים מכל עמוק, וכבר בארתי אותם במתכונתם בספרי פנים מסבירות לעץ החיים בענף הראשון, ובספר תלמוד עשר הספירות, הסתכלות פנימית חלק א', וכאן אפרשם בקצרה, שיהיו מובנים לכל נפש.

Как сделать текст "своим"

— Прослушайте этот текст в записи, одновременно следя глазами по "чистому" тексту (без транслитерации) и проговаривая "про себя". Проделайте это несколько раз.

— Теперь, слушая чтеца, по фразам, прочитайте этот отрывок вслух, следя по "чистому" тексту.

— Попробуйте сами прочитать этот отрывок (если Вам, пока, трудно читать оригинальный текст, используйте транслитерацию в "адаптированном" варианте текста).

— Вы можете переписать этот текст по предложениям, предварительно проговорив их вслух.

— Возьмите оригинальный вариант текста и попробуйте перевести его, надписывая над незнакомыми словами их русский перевод (Вы можете использовать для этого словарь (если есть), или перевод, данный в адаптированном варианте текста). Старайтесь подглядывать туда только в крайней необходимости.

— Далее Вы можете почувствовать себя переводчиком и попробовать на слух, слушая чтеца, перевести данный фрагмент текста на русский (делайте это не торопясь, по фразам, возможно, прослушивая их по нескольку раз, но не подглядывая в готовый перевод).

От "ветви к корню"

("внутреннее" содержание слов, раскрытое нам каббалистами)

בריאה (творение) – 9 нижних сфирот; то, что обратно Творцу.

מי, מה (кто? и что?) – вопросы фараона: кто такой Творец, чтобы слушать Его? и что за работа, которую надо делать?

חבר (товарищ) – тот, кто хочет войти вместе со мной в истинную реальность.

חיבור (соединение) – соединение, благодаря которому мы поднимаемся на следующую ступень.

מקום (место) – желание получать, которое в творении.

Уголок грамматики

- **Винительный падеж в иврите выражается при помощи предлога את (эт).**

Предлог את находится после глагола, перед словом в винительном падеже и ставится в случаях:

1) если последующее слово определено артиклем ה:

לחלץ את החבר (выручить (этого, определенного) товарища)

2) если последующее слово имеет местоименное окончание:

לחלץ את חברנו (выручить нашего товарища)

3) если последующее слово является именем собственным:

לחלץ את דוד (выручить Давида)

- **Склонение предлога את:**

лицо	את	
	единственное число	множественное число
1	אותי (оти) – меня	אותנו (отану) – нас
2 (м. р.)	אותך (отха) – тебя	אותכם (отхэм) – вас
2 (ж. р.)	אותך (отах) – тебя	אותכן (отхэн) – вас
3 (м. р.)	אותו (ото) – его	אותם (отам) – их
3 (ж. р.)	אותה (ота) – ее	אותן (отан) – их

Полезная информация

1. Если после слова את стоит существительное с определенным артиклем, или с местоименным окончанием, или имя собственное, то слово את является предлогом винительного падежа и читается как «эт».

2. Если перед, или после слова את стоит форма, имеющая вид ת---, или ת---', то это, скорее всего, глагольные формы женского рода ед. числа, а слово את – местоимение «ты» женского рода и читается как «ат».

УРОК 8

Так как это [дело это] похоже на (то, как)	כי הדבר הזה דומה, לעשיר אחד эхад леашир домэ hазэ hадавар ки
который позвал человека с рынка,	שקרא לאדם מן השוק hашук мин лаадам шекара
и кормит его, и поит его, и дарит ему из серебра и золота (своего),	ומאכילהו ומשקהו ומעניק לו מכסף וזהב вэзаhав микэсэф ло умааник умашкэhу умаахилеhу
и всего драгоценного каждый день,	וכל חמדה יום יום, йом йом хэмда вэколь
и у каждого дня – многочисленны дары его (более, чем) у предшествующего ему	ובכל יום מרובים מתנותיו על הקודם לו ло hакодэм аль матнотав мэрубим йом увэхоль
и так прибавляет и продолжает [идет],	וכן מוסיף והולך, вэhолех мосиф вэхэн
(и) наконец спросил его богач: «Скажи мне,	לבסוף שאלהו העשיר אמור לי ли эмор hаашир шеалеhу левасоф
[или уже] исполнились все твои пожелания?»	האם כבר נתמלאו כל משאלותיך? мишъалотэха коль нитмалъу квар hаим
И ответил ему: «Пока еще не исполнились все мои просьбы,	וענהו, עדיין לא נתמלאו כל מבוקשי, мэвукашай коль нитмалъу ло адаин вэанаhу
поскольку, – как хорошо и как приятно было бы мне,	כי מה טוב ומה נעים היה לי ли hайя наим ума тов ма ки
если бы все имущество и прелести эти	אילו כל הרכוש והחמודות הללו hалалу вэhахамудот hарэхуш коль илу
пришли бы (ко) мне путем усилия [занятия], моего, собственного, – как достались тебе,	הגיעוני על ידי עסקי עצמי כמו שהגיעו אליך, элэха шеhигиу кмо ацми эски ядэй аль hэгиони
а не быть получающим дарование твое [твоей руки] из милости.	ולא להיות מקבל מתנת ידך בחסד. бэхэсэд ядха матнат мекабэль лиhйот вэло
И сказал ему богач: «Если так, не сотворен еще человек,	ויאמר לו העשיר, אם כן לא נברא עוד איש иш од нивра ло кэн им hаашир ло вайомэр
который сможет исполнить твои пожелания.	שיוכל למלאות משאלותיך. мишъалотэха лемалот шеюхаль

כי הדבר הזה דומה, לעשיר אחד שקרא לאדם מן השוק ומאכילהו ומשקהו ומעניק לו מכסף וזהב וכל חמדה יום יום, ובכל יום מרובים מתנותיו על הקודם לו וכן מוסיף והולך, לבסוף שאלהו העשיר אמור לי האם כבר נתמלאו כל משאלותיך? וענהו, עדיין לא נתמלאו כל מבוקשי, כי מה טוב ומה נעים היה לי אילו כל הרכוש והחמודות הללו הגיעוני על ידי עסקי עצמי כמו שהגיעו אליך, ולא להיות מקבל מתנת ידך בחסד. ויאמר לו העשיר, א"כ לא נברא עוד איש שיוכל למלאות משאלותיך.

И вещь эта естественна,	ודבר זה טבעי הוא, hу тивъи зэ вэдавар
так как, хотя с одной стороны он вкушает наслаждение большое,	כי הגם שמצד אחד הוא טועם תענוג גדול, гадоль таануг тоэм hу эхад шемицад hагам ки

ЧАСТЬ ВТОРАЯ — 33

и прибавляет, и продолжает [идёт] по мере приумножения его (богача) даров,	ומוסיף והולך כפי שיעור ריבוי מתנותיו, матнотав рибуй шиур кфи вэholэх умосиф
вот, со стороны второй, тяжело ему терпеть, из-за стыда,	הנה מצד שני קשה לו לסבול מבושה мибуша лисболь ло кашэ шени мицад hинэ
увеличение благодеяния этого,	את ריבוי ההטבה הזו, hазу hahатава рибуй эт
которое богач продолжает [идёт] и увеличивает ему с каждым разом.	שהעשיר הולך ומרבה עליו בכל פעם. паам бэхоль алав умарбэ holэх шеhаашир
Поскольку закон природный это в мире,	כי חוק טבעי הוא בעולם, баолам hу тивъи хок ки
что получающий чувствует некий стыд и нетерпение	שהמקבל מרגיש כמין בושה ואי סבלנות савланут вэи буша кэмин маргиш шеhамекабэль
в момент получения дара бесплатного	בעת קבלת מתנת החנם hахинам матнат кабалат бээт
от (того, кто) даёт по причине милости его и жалости его к нему.	מאת הנותן מחמת חסדיו ורחמיו עליו. алав вэрахамав хасадав мэхамат hанотэн миэт
И отсюда следует [тянется] для нас закон второй -	ומכאן נמשך לנו חוק שני, шени хок лану нимшах умикан
что не представить [не будет нарисован] в мире (кого-то), кто сможет исполнить	שלא יצוייר בעולם מי שיוכל למלאות лемалот шэюхаль ми баолам ецуяр шело
желания ближнего в (их) полноте	חפצי חברו במילואם бэмилуам хавэро хэфцей
поскольку в конечном счёте не сможет придать ему (дару)	כי סוף סוף לא יוכל ליתן לו ло литэн юхаль ло соф соф ки
характер и форму приобретения собственного,	את האופי והצורה של קנין עצמי, ацми киньян шель вэhацура hаофи эт
что (ведь) только ею завершается вся полнота	שרק עמה נשלמת כל ההרחבה hahархава коль нишлэмэт има шерак
всего совершенства желаемого.	מכל השלימות הרצויה. hарэцуйя hашлемут миколь

ודבר זה טבעי הוא, כי הגם שמצד אחד הוא טועם תענוג גדול, ומוסיף והולך כפי שיעור ריבוי מתנותיו, הנה מצד שני קשה לו לסבול את ריבוי ההטבה הזו, שהעשיר הולך ומרבה עליו בכל פעם. כי חוק טבעי הוא בעולם, שהמקבל מרגיש כמין בושה ואי סבלנות בעת קבלת מתנת החנם מאת הנותן מחמת חסדיו ורחמיו עליו. ומכאן נמשך לנו חוק שני, שלא יצוייר בעולם מי שיוכל למלאות חפצי חברו במילואם כי סוף סוף לא יוכל ליתן לו את האופי והצורה של קנין עצמי, שרק עמה נשלמת כל ההרחבה מכל השלימות הרצויה.

И вот, это сказано только относительно творений,	והנה זה אמור רק כלפי הנבראים, hаниврaим клапэй рак амур зэ вэhинэ
(потому) что невозможно и (не)сообразно абсолютно	מה שלא יתכן ומתאים כלל клаль уматъим итахэн шело ма
относительно совершенства Его возвышенного.	כלפי שלימותו הנעלה ית' וית'. вэитъалэ итбарах hанаала шлемуто клапэй

И это то, что (Творец) уготовил нам: при помощи [руками] усилий и трудов	וזהו שהכין לנו ע"י היגיעה והטרחה вэhатирха hаегиа аль-ядэй лану шеhэхин вэзэhу
и при помощи занятий Торой и заповедями	וע"י העסק בתורה ומצוות умицвот бэтора hаэсэк вэаль-ядэй
доставить (себе) величие наше самим.	להמציא את רוממותינו בעצמנו, бэацмэну ромэмутэну эт леhамци
Поскольку тогда все наслаждение и добро, приходящее нам от Него, Творца,	כי אז כל העונג והטוב המגיע לנו ממנו ית' итбарах мимэну лану hамагиа вэhатув hаонэг коль аз ки
то есть все, включенное в понятие слияния (с) Ним, Творцом,	דהיינו כל הכלול בדבר דבקותו ית', итбарах двекуто бэдвар hакалуль коль дэhайну
будет все это в качестве достояния – нашего собственного,	יהיה כל זה בבחי' קנין עצמינו, ацмэну киньян бэвхинат зэ коль йиhйе
которое пришло нам при помощи работы рук наших.	שהגיע לנו ע"י מעשה ידינו, ядэну маасэ аль-ядэй лану шеhегиа
(Только) тогда мы ощущаем себя в качестве владельцев этого (достояния),	שאז אנו מרגישים עצמינו בבחינת בעלים לדבר, ладавар бэалим бивхинат ацмэну маргишим ану шеаз
ведь нет для нас вкуса совершенства без этого (ощущения), как объяснено.	שאין לנו טעם של שלימות זולתה, כמבואר. камэвуар зулата шлемут шель таам лану шэйн

והנה זה אמור רק כלפי הנבראים, מה שלא יתכן ומתאים כלל כלפי שלימותו הנעלה ית' וית'. וזהו שהכין לנו ע"י היגיעה והטרחה וע"י העסק בתורה ומצוות להמציא את רוממותינו בעצמנו, כי אז כל העונג והטוב המגיע לנו ממנו ית' דהיינו כל הכלול בדבר דבקותו ית', יהיה כל זה בבחי' קנין עצמינו, שהגיע לנו ע"י מעשה ידינו, שאז אנו מרגישים עצמינו בבחינת בעלים לדבר, שאין לנו טעם של שלימות זולתה, כמבואר.

Как сделать текст "своим"

– Прослушайте данный текст несколько раз, одновременно следя по оригинальному (без транслитерации и перевода) тексту. Старайтесь повторять слова (вслух, или про себя) за чтецом.

– Прочитайте один из абзацев текста с транслитерацией.

– Теперь попробуйте прочитать тот же абзац, но только в оригинальном варианте текста. Проделайте это упражнение и с другими абзацами.

– Теперь, читая вслух оригинальный текст, по предложениям, попробуйте перевести его. Если попалось незнакомое слово, посмотрите его значение в данном переводе текста и надпишите над незнакомым словом его перевод.

– Следующее упражнение может быть такое: оставьте перед собой только русский перевод. Читая его по предложениям, попробуйте проговаривать, а то и писать прочитанное, – на иврите. По окончании сравните с оригиналом.

От "ветви к корню"

("внутреннее" содержание слов, раскрытое нам каббалистами)

יום (день) – раскрытие "лика Творца", то есть свойства отдачи, которое властвует.

מלאות (наполненность) – наполнение отдачей; любовь к ближнему.

סוף (конец) – ограничение на всякие желания.

יגיעה (усилие) – когда человек ставит себя против Творца и делает расчет, в чем он может уподобиться Ему.

טעם (вкус) – свет, находящийся внутри.

מעשה (действие) – реализация после подъема МА"Н; отдача.

Уголок грамматики

- **Что может артикль**

Категория определенности имени в иврите выражается артиклем.

Это буква ה, которая пишется слитно с определяемым словом:

ה + דבר = הדבר

При помощи артикля определяются:

1. Имена существительные нарицательные:

ה + עסק = העסק (действие)

2. Имена прилагательные:

השלמות הרצויה (желаемое совершенство)

3. Некоторые указательные местоимения:

הדבר הזה (эта вещь)

Определенный артикль служит для обозначения известного по контексту слова.

Буква ה, присоединяясь к личным местоимениям образует указательные местоимения:

ה + הוא = ההוא (тот)

ה + היא = ההיא (та)

ה + הם = ההם (те, муж.род)

ה + הן = ההן (те, жен.род)

- *Присоединяясь к глаголам в форме настоящего времени, определенный артикль ה может образовывать **причастие**:*

ה + עושה (делает) = העושה (делающий)

- *Присоединяясь к существительному, он может образовывать **наречие**:*

ה + יום = היום (сегодня)

ה + לילה = הלילה (этой ночью)

ה + פעם = הפעם (на этот раз)

Полезная информация

В текстах иногда, для "усиления" значения фразы, могут стоять подряд два одинаковых слова:

לאט – медленно, לאט לאט – постепенно.

אחד – один, כל אחד ואחד – каждый.

סוף – конец, סוף סוף – наконец.

יום – день, יום יום – ежедневно.

УРОК 9

Однако действительно стоит нам вглядеться в суть и источник закона	אמנם כן ראוי לנו להתבונן בעיקרו ומקורו של חוק хок шель умэкоро бэикаро леһитбонэн лану рауй кэн омнам
природного этого: и из чрева чьего вышел для нас изъян стыда и нетерпения,	טבעי זה, ומבטן מי יצא לנו פגם הבושה ואי הסבלנות, һасавланут вэи һабуша пгам лану яцэ ми умибэтэн зэ тивъи
которые мы ощущаем, во время получения милости от кого-то?	שאנו מרגישים בעת קבלת החסד ממי שהוא? шэһу мими һахэсэд кабалат бэет маргишим шэану
Однако явление это понятно из закона, известного естествоиспытателям [мудрецам природы], –	אולם דבר זה מושכל מחוק הידוע לחכמי הטבע һатэва лехохмэй һаядуа михок мускаль зэ давар улам
что (у) каждой ветви природа ее близка и подобна корню своему	אשר כל ענף טבעו קרוב ושוה אל שורשו, шоршо эль вэшавэ каров тивъо анаф коль ашер
и все содержания, имеющееся в корне возжелает их	וכל העניינים הנהוגים בשורש יתרצה בהם баһэм итрацэ башореш һанэһугим һаинъяним вэхоль
также (и) ветвь его и полюбит их и будет вожделеть (к) ним	גם הענף שלו ויאהב אותם ויחמדם вэяхмэдэм отам вэёһав шело һаанаф гам
и извлечет пользу свою из них. И с другой стороны все (виды) содержания, что не	ויפיק תועלתו מהם. ולעומתם, כל העניינים һаинъяним коль улеуматам миһэм тоальто вэяфик
имеются в корне, также ветвь его отдалится от них,	שאינם נהוגים בשורש, גם הענף שלו מתרחק מהם меһэм митрахэк шело һаанаф гам, башореш нэһугим шеэйнам
не сможет терпеть их и также пострадает от них.	לא יוכל לסובלם וגם ניזוק מהם. миһэм низок вэгам лесовлам юхаль ло
И закон этот, имеется между каждым корнем и ветвью его, и не будет нарушен.	וחוק זה מצוי בין כל שורש וענף שלו ולא יעבור. яавор вэло шело вэанаф шореш коль бэйн мацуй зэ вэхок

אמנם כן ראוי לנו להתבונן בעיקרו ומקורו של חוק טבעי זה, ומבטן מי יצא לנו פגם הבושה ואי הסבלנות, שאנו מרגישים בעת קבלת החסד ממי שהוא? אולם דבר זה מושכל מחוק הידוע לחכמי הטבע אשר כל ענף טבעו קרוב ושוה אל שורשו, וכל העניינים הנהוגים בשורש יתרצה בהם גם הענף שלו ויאהב אותם ויחמדם ויפיק תועלתו מהם. ולעומתם, כל העניינים שאינם נהוגים בשורש, גם הענף שלו מתרחק מהם לא יוכל לסובלם וגם ניזוק מהם. וחוק זה מצוי בין כל שורש וענף שלו ולא יעבור

И отсюда открывается нам возможность [вход] понять источник	ומכאן נפתח לנו פתח להבין מקור макор леһавин пэтах лану нифтах умикан
совокупности наслаждений и страданий, постоянных в мире нашем,	כללות התענוגים והיסורים הקבועים בעולמנו, бэоламэйну һаквуим вэһаисурим һатаанугим клалут
так как, поскольку [из того, что] Творец, – он корень всех	כי מתוך שהשי"ת וית' הוא השורש לכל лехоль һашореш һу витъале итбарах шеһашем миток ки
творений его, которые сотворил, поэтому все явления, включенные в Него	בריותיו אשר ברא, לפיכך כל העניינים הכלולים בו бо һаклулим һаинъяним коль лефихах бара ашер бриётав
благословится Он, и нисходящие (к) нам от Него нисхождением прямым, будут усладой	ית' ונמשכו לנו הימנו בהמשכה ישרה, יבושמו евусму яшара бэһамшаха һэймэну лану вэнимшеху итбарах
нам и будут приятны, потому что природа наша близка к нашему корню, Творцу	לנו וינעמו לנו, משום שטבענו קרוב לשורשינו ית'. итбарах лешоршэну каров шэтивъэну мишум лану вэинъаму лану
А все явления, что не приняты в Нем, в Творце	וכל העניינים שאינם נוהגים בו ית', итбарах бо ноһагим шеэйнам һаинъяним вэхоль

ЧАСТЬ ВТОРАЯ

и не протянуты нам от Него нисхождением прямым, кроме (как) согласно противоположности (Ему)	ולא נמשכו לנו הימנו בהמשכה ישרה זולת על פי קוטבה котва пи аль зулат яшара бэhамшаха hэймэну лану нимшеху вэло
самого творения, будут эти (свойства) противны природе нашей,	של הבריאה עצמה, יהיו אלה נגד הטבע שלנו, шелану hатэва нэгэд эле йиhью ацма hабрия шель
и будет тяжело нам терпеть их. То есть, мы любим	ויהיה קשה לנו לסובלם. דהיינו, אנו אוהבים את эт оhавим ану дэhайну лесовлам лану каше вэйиhье
покой и очень ненавидим движение, до (того), что мы не	המנוחה, ושונאים מאד את התנועה, עד שאין אנו ану шеэйн ад hатнуа эт мэод вэсонъим hамэнуха
совершаем никакого движения, если (оно) не для достижения покоя.	עושים שום תנועה אם לא להשגת המנוחה, hамэнуха леhасагат ло им тнуа шум осим
И было это (всегда), потому что корень наш не обладатель движения, но	והיה זה, מפני שהשורש שלנו איננו בעל תנועה זולת зулат тнуа бааль эйнэну шелану шеhашорэш мипнэй зэ вэhайа
обладатель покоя, и движение, не дай Б-г, не принято в Нем совершенно.	בעל המנוחה, ואין תנועה ח"ו נוהגת בו כלל, кляль бо ноhэгэт хас-вэшалом тнуа вээйн hамэнуха бааль
И потому будет это также против нашей природы и ненавистно нам.	ולפיכך תהיה זו גם כן נגד טבענו ושנואה לנו. лану уснуа тивъэну нэгэд кэн гам зо тиhйе улефихах
И по той же причине [на пути этом] мы любим очень мудрость и могущество	וע"ד, אנו אוהבים מאד את החכמה ואת הגבורה hагвура вээт hахохма эт мэод оhавим ану вэаль-дэрэх-зэ
и богатство и т.п. Это потому, что все эти (свойства) содержатся	ואת העושר וכו', שהוא משום שכל אלה כלולים клулим эле шеколь мишум шеhу вэхулэ hаошер вээт
в Нем, Творце, (а) Он – наш корень, и потому ненавидим мы очень	בו ית' שהוא שורשנו וע"כ שונאים אנו מאד мэод ану сонъим вэаль-кэн шоршэну шеhу итбарах бо
противоположности их: глупость и слабость, и нищету,	את הפוכם, כמו הסכלות והחולשה והעניות, вэhааниют вэhахульша hасихлут кмо hипухам эт
оттого, что они не находятся, совершенно,	משום שאינם מצויים כלל ועיקר вэикар кляль мэцуим шеэйнам мишум
в нашем корне, что делает ощущения наши	בשורש שלנו, שזהו עושה את הרגשתנו hаргашатэну эт осэ шэзэhу шелану башорэш
отвратительными и ненавистными и также причиняет боли нестерпимые.	מאוס ושנוא וגם גורם מכאובים לאין סבול. своль леэйн махъовим горэм вэгам вэсану маус

ומכאן נפתח לנו פתח להבין מקור כללות התענוגים והיסורים הקבועים בעולמנו, כי מתוך שהשי"ת וית' הוא השורש לכל בריותיו אשר ברא, לפיכך כל הענינים הכלולים בו ית' ונמשכו לנו הימנו בהמשכה ישרה, יבושמו לנו וינעמו לנו, משום שטבענו קרוב לשורשינו ית'. וכל הענינים שאינם נוהגים בו ית', ולא נמשכו לנו הימנו בהמשכה ישרה זולת על פי קוטבה של הבריאה עצמה, יהיו אלה נגד הטבע שלנו, ויהיה קשה לנו לסובלם. דהיינו, אנו אוהבים את המנוחה, ושונאים מאד את התנועה, עד שאין אנו עושים שום תנועה אם לא להשגת המנוחה, והיה זה, מפני שהשורש שלנו איננו בעל תנועה זולת בעל המנוחה, ואין תנועה ח"ו נוהגת בו כלל, ולפיכך תהיה זו גם כן נגד טבענו ושנואה לנו. וע"ד, אנו אוהבים מאד את החכמה ואת הגבורה ואת העושר וכו', שהוא משום שכל אלה כלולים בו ית' שהוא שורשנו, וע"כ שונאים אנו מאד את הפוכם, כמו הסכלות והחולשה והעניות, משום שאינם מצויים כלל ועיקר בשורש שלנו, שזהו עושה את הרגשתנו מאוס ושנוא וגם גורם מכאובים לאין סבול.

Как сделать текст "своим"

– Прослушайте аудио запись, следя по оригинальному тексту. Вы можете также во время прослушивания повторять слова вслед за чтецом (желательно проделать это не один раз).

– Теперь вы можете сами прочитать текст оригинала в таблице по предложениям. Траслитерацией старайтесь не пользоваться, разве только в крайнем случае. После каждого прочитанного предложения прочтите его русский перевод.

– Далее возьмите оригинальный текст. Попробуйте сами, по предложениям, прочитать его. Получилось? Теперь попробуйте самостоятельно перевести его на русский язык, надписывая над незнакомыми словами их русский перевод (старайтесь все реже заглядывать в таблицу, включайте зрительную и слуховую память).

– Проделав это с каждым предложением первого абзаца, прочитайте его целиком и дайте связанный русский перевод. (вам помогут надписанные вами слова). Теперь выполните такое же упражнение со вторым абзацем или с его частью, потому что он намного больше первого.

– А теперь – готовы ли вы выполнить еще более сложное задание? Тогда закройте все варианты текстов и возьмите чистый лист. Слушая аудио запись небольшими отрывками, по фразам, – как вам удобно, – пишите их русский перевод, не подсматривая ни в один из вариантов текста.

От "ветви к корню"

("внутреннее" содержание слов, раскрытое нам каббалистами)

אלהים (Творец) = הטבע (природа).

קרוב (близкий) – большое свечение света хохма.

שורש (корень) – 10 сфирот рош.

הבנה (понимание) – понимание происходит сверху вниз.

תענוג (наслаждение) – наслаждение телесное – от наполнения; наслаждение духовное – от намерения.

יסורים (страдания) – когда кли, предназначенное для света, не облачает его.

Уголок грамматики

- **Все – и с артиклем, и без**

Слово כל *означает "все", "всё".*

Если после כל, *перед следующим за ним существительным стоит определенный артикль* ה, *то это сочетание означает "все ...", "весь ...", "вся ...". Пример:*

כל העניינים – все вопросы.

כל העולם – весь мир.

Если после כל, *перед следующим за ним существительным нет определенного артикля, то такое сочетание означает "каждый", "каждая", "каждые". Пример:*

כל ענף – каждая ветвь

כל שורש – каждый корень

Полезная информация

Форма, стоящая после слова כל, почти без исключений является существительным.

ЧАСТЬ ВТОРАЯ 39

УРОК 10

И это [и она] (то, что) дает нам этот испорченный вкус	והיא הנותנת לנו הטעם הפגום הזה hазэ hапагум hатаам лану hанотэнэт вэhи
стыда и нетерпения во время, когда мы получаем что-то [вещь]	של בושה ואי סבלנות בעת שאנו מקבלים דבר давар мекаблим шеану бээт савланут вэи буша шель
от других в виде милости, потому что Творец, благословится (Он), – нет в Его законе (т.е. Ему не свойственно)	מאחרים בתורת חסד, כי הבורא ית' אין בחוקו бэхуко эйн итбарах hаборэ ки хэсэд бэторат мэахерим
не дай Б-г, никакого содержания получения одолжения, потому что от кого получит?	חס ושלום שום ענין של קבלת טובה, כי ממי יקבל? икабэль мими ки, това кабалат шель иньян шум вэшалом хас
И из (того), что дело это (получение) не принято в нашем корне, Творце,	ומתוך שאין הענין הזה נהוג בשורשנו ית' итбарах бэшоршену hаhуг hазэ hаиньян шеэйн умитох
поэтому оно отвратительно и ненавистно нам, как (уже) сказано.	על כן הוא מאוס ושנוא לנו, כאמור. каамур лану вэсану маус hу кэн аль
И в противоположность этому, мы чувствуем наслаждение и приятность, и нежность	ולעומתו, אנו מרגישים תענוג ונועם ורך вэрох вэноам таануг маргишим ану, улеумато
во время каждой отдачи, которую мы отдаем нашему ближнему,	בעת כל השפעה שאנו משפיעים לזולתנו, лезулатэну машпиим шеану hашпаа коль бэт
так как вещь эта (отдача) обычна в нашем корне, Творце, который является Дающим всему.	להיות דבר זה נוהג בשורשנו ית' שהוא המשפיע לכל. лаколь hамашпиа шеhу итбарах бэшоршену ноhэг зэ давар лиhйот

והיא הנותנת לנו הטעם הפגום הזה של בושה ואי סבלנות בעת שאנו מקבלים דבר מאחרים בתורת חסד, כי הבורא ית' אין בחוקו ח"ו שום ענין של קבלת טובה, כי ממי יקבל? ומתוך שאין הענין הזה נהוג בשורשנו ית' ע"כ הוא מאוס ושנוא לנו, כאמור. ולעומתו, אנו מרגישים תענוג ונועם ורך בעת כל השפעה שאנו משפיעים לזולתנו, להיות דבר זה נוהג בשורשנו ית' שהוא המשפיע לכל.

Как сделать текст "своим"

— В начале, как всегда, прослушайте запись данного фрагмента, одновременно следя, – буквально, водя пальцем по строчкам, – по тексту, и повторяя "про себя", вслед за чтецом. Лучше для этого упражнения использовать "чистый" текст.

— Далее Вы можете, разделив текст на предложения или фразы:

а) прослушать выбранную фразу;

б) повторить ее вслух, вслед за чтецом;

в) переписать ее, желательно – письменными буквами;

г) прочесть самостоятельно написанную вами фразу;

д) перевести ее, в случае затруднения использовав данный выше перевод.

— Теперь попробуйте прочитать самостоятельно весь текст целиком и дать связанный русский перевод.

— Закройте все варианты данного фрагмента текста и попробуйте, слушая запись в удобном для вас темпе, дать устный перевод этого текста.

От "ветви к корню"

("внутреннее" содержание слов, раскрытое нам каббалистами)

חפץ חסד (хафэц хэсэд) – свойство "малого" состояния – "катнут", не делать ближнему того, чего не желаешь себе.

טובה (добро) – наше соединение, внутри которого находится Творец; максимальное развитие, когда все – как одно целое.

מקובל (каббалист) – определяется по цели, к которой идет.

Уголок грамматики

- **Местоимения, которые указывают**

В иврите, как и в русском языке, существуют местоимения указательного типа. К ним относятся:

1. Местоимения, указывающие на близко расположенный предмет:

זה – (это, этот) ; זאת, זו – (эта) ; הללו, אלו, אלה – (эти)

От того, стоит ли местоимение перед существительным, или после него, меняется значение фразы.

Сравните:

זה חבר שלנו (это – наш товарищ) – החבר הזה (этот товарищ)

זאת ארץ ישראל (это – земля Израиля) – הארץ הזאת (эта земля)

אלו נקודות שבלב (это – точки в сердце) – הנקודות האלו (эти точки)

2. Местоимения, указывающие на отдаленный предмет. Образуются посредством присоединения определенного артикля к личному местоимению:

ההוא – (тот); ההם – (та) ; ההיא – (те, ж.р.) ; ההן – (те, м.р.)

Местоимения этой группы стоят всегда после определяемого слова, которое тоже имеет определенный артикль:

החבר ההוא – (тот товарищ)

הארץ ההיא – (та земля)

הנקודות ההן – (те точки)

Полезная информация

Иврит и русский имеют похожее строение предложений:

подлежащее – сказуемое – прямое (затем косвенное) дополнение – обстоятельства.

Пример (читайте справа налево):

והיא (и она) הנותנת (букв. "дающая" – дает) לנו (нам) הטעם (вкус) הפגום (испорченный) הזה (этот) של בושה (стыда)

УРОК 11

Теперь мы нашли возможность [раскрытие глаз] взглянуть	עתה מצאנו פתח עינים להסתכל леhистакэль эйнаим пэтах мацану ата
на дело цели творения: "И слиться с Ним" [прилепиться],	בדבר תכלית הבריאה של "ולדבקה בו" «бо уледовка» шель hабрия тахлит бэдвар
в его настоящем виде [лице], – что все содержание величия и слитности этой,	בפרצופה האמיתי, שכל ענין הרוממות ודביקות הזו hазу удвекут hаромэмут иньян шеколь hаамити бэпарцуфо
гарантированной нам посредством действий наших [дела рук наших]	המובטחת לנו על ידי מעשה ידינו ядэну маасэ ядэй аль лану hамувтахат
в Торе и в заповедях оно [жен.р.] не меньше и не больше,	בתורה ובמצוות, אינה לא פחות ולא יותר, йотэр вэло пахот ло эйна увэмицвот батора
чем [но дело...] уподобление ветвей их корню, Творцу.	אלא דבר השוואת הענפים לשורשם ית'. итбарах лешоршам hаанафим hашваат давар эла
Так что вся приятность и утонченность, и все возвышенное,	אשר כל הנעימות והעידון וכל נשגב нисгав вэхоль вэhаидун hанэимут коль ашер
становится здесь вещью, исходящей естественно из него (из уподобления),	נעשה כאן דבר נמשך טבעי מאליו, мэалав тивъи нимшах давар кан нааса
как выяснилось выше, что вопрос наслаждения – ничто иное	כמו שנתבאר לעיל, שענין התענוג אינו эйно hатаануг шеиньян леиль шенитбаэр кмо
как [но] только уподобление свойств [уравнивание формы] создателю ее.	אלא רק השוואת הצורה ליוצרה, лейоцра hацура hашваат рак эла
И будучи уподобляемы во (всех) делах наших каждому закону [обычаю],	ובהיותנו משתוים בעניננו לכל מנהג минhаг лехоль бэиньянэну миштавим убэhйотэну
действующему и имеющемуся в нашем корне, вот, мы находимся в наслаждениях,	הנוהג ומצוי בשורשנו הרי אנו מצויים בתענוגים, бэтаанугим мэцуим ану hарэй бэшоршену умацуй hаноhэг
а каждое дело что происходит с нами [в наши руки] из дел,	וכל ענין שיארע לידנו מהענינים мэhаинъяним леядэну шэйира иньян вэхоль
которые не имеются в нашем корне,	שאינם נמצאים בשורשנו, бэшоршену нимцаим шеэйнам
ведь становятся невыносимыми и противными душе или	הרי נעשים לבלתי נסבלים ולגועל נפש או о нэфэш улегоаль нисбалим левильти наасим hарэй
страданиями реальными, как это долженствует из того понятия.	למכאובים ממשיים, כפי אשר יתחייב מהמושג ההוא. hahy мэhамусаг итхаев ашер кфи мамашиим лемахъовим
И получается из него (понятия), что вся наша надежда зависит	ונמצא מאליו אשר כל תקותנו תלויה тлуя тикватэну коль ашер миэлав вэнимца
и (со-)стоит в мере уподобления наших свойств [нашей формы]	ועומדת בשיעור השוואת צורתנו цуратэну hашваат бешиур вэомэдэт
с нашим корнем, Творцом.	לשורשנו ית' וית'. вэитъалэ итбарах лешоршену

עתה מצאנו פתח עינים להסתכל בדבר תכלית הבריאה של "ולדבקה בו" בפרצופו האמיתי, שכל ענין הרוממות ודביקות הזו המובטחת לנו ע"י מעשה ידינו בתורה ובמצוות, אינה לא פחות ולא יותר, אלא דבר השוואת הענפים לשורשם ית', אשר כל הנעימות והעידון וכל נש גב, נעשה כאן דבר נמשך טבעי מאליו, כמו שנתבאר לעיל, שענין התענוג אינו אלא

רק השוואת הצורה ליוצרה, ובהיותנו משתוים בעניננו לכל מנהג הנוהג ומצוי בשורשנו הרי אנו מצויים בתענוגים, וכל ענין שיארע לידנו מהענינים שאינם נמצאים בשורשנו, הרי נעשים לבלתי נסבלים ולגועל נפש או למכאובים ממשיים, כפי אשר יתחייב מהמושג ההוא. ונמצא מאליו אשר כל תקוותנו תלויה ועומדת בשיעור השוואת צורתנו לשורשנו ית' וית'.

Как сделать текст "своим"

– Прослушайте аудиозапись данного фрагмента, одновременно следя по "чистому" тексту. Желательно проделать это, как всегда, несколько раз.

– Теперь, прослушав одно предложение или фразу, повторите ее вслед за чтецом и напишите ее. Прочитайте ее перевод в таблице. Проделайте это упражнение со всем текстом этого урока.

– Далее вы можете самостоятельно прочитать текст, данный под таблицей, целиком и попробовать сделать перевод на русский.

– Если в процессе перевода вам встретились незнакомые слова, посмотрите их значение в данном выше переводе. Можно их выписать отдельно, выделив в них корневые буквы и написать рядом русский перевод этих слов.

– Можете теперь усложнить задачу. Слушая запись данного фрагмента небольшими частями вслух проговаривать русский перевод, то есть почуствовать себя настоящим переводчиком.

От "ветви к корню"

("внутреннее" содержание слов, раскрытое нам каббалистами)

פרצוף (парцуф) – порция отдачи.

השוואת הצורה (уравнивание формы) – когда свойства человека уподобляются свойствам Творца.

נפש (душа) – часть шхины, та ее часть, которую нижний может постичь относительно меры своего очищения.

לעמוד (стоять) – линия работы человека с Творцом.

Уголок грамматики

- **Смихут – сопряжение**

Отношения принадлежности выражаются в иврите сочетанием двух существительных. Это сочетание называется "сопряженным состоянием" (смихут). Первое существительное часто изменяется по форме и произношению и считается грамматически ведущим. Рассмотрим несколько видов изменения первого существительного:

1. Существительные мужского рода в единственном числе изменяют произношение, но написание, как правило, остается прежним.

Например:

כבוד אב ("кибуд ав" – почитание отца) = כבוד ("кавод" – почет, уважение) + אב ("ав" – отец)

2. Существительные мужского рода во множественном числе меняют окончание с -ים на -י.

כתבי בעל הסולם ("китвэй Бааль аСулам" – произведения, труды Бааль аСулама) = כתבים ("ктавим" – труды, литературные произведения) + בעל הסולם (Бааль аСулам)

3. Существительные женского рода изменяют окончание: -ה на -ת

השוואת הצורה ("ашваат ацура" – уподобление свойств) = השוואה ("ашваа"- сравнение, уравнивание) + צורה ("цура" – форма)

4. Существительные женского рода, единственного числа с окончанием ת- и женского рода, множественного числа с окончанием ות- не изменяются.

תכלית הבריאה ("тахлит абрия" – цель сотворения) = תכלית ("тахлит" – цель, назначение) + בריאה ("брия" – сотворение)

Когда надо придать смихуту характер определенности, артикль прибавляется только ко второму существительному:

השוואת הענפים ("ашваат аанафим" – равенство ветвей) = השוואה ("ашваа" – сравнение) + (ה + "анафим" – ветви) ענפים

Полезная информация

Слово יותר сочетании с прилагательным может обозначать сравнительную, или превосходную степень сравнения:

1. Если оно стоит перед прилагательным, то это – сравнительная степень:

יותר גדול (больше) = יותר (более) + גדול (большой)

יותר יפה (красивее, более красивый) = יותר (более) + יפה (красивый)

2. Если прилагательное имеет определенный артикль, -ה, а после него стоит слово יותר с приставкой ב- то это – превосходная степень:

הגדול ביותר (самый большой)

היפה ביותר (самый красивый)

УРОК 12

И вот они, слова каббалистов,	ואלה הם דברי חז"ל хазаль диврэй hэм вээле
(в книге) Мидраш "Берешит Раба", глава 44	(מדרש בראשית רבא, פרק מ"ד) далет мэм пэрэк раба бэрейшит мидраш
задающих вопрос: и какое дело ему (")היל"(арам.) = "ול"], Творцу	בשאלתם, וכי מה איכפת ליה להקב"ה леhакадош-барух-hу лей ихпат ма вэхи, бэшеэлатам
до того, кто режет (животное) с шеи, или кто режет с затылка?	?למי ששוחט מן הצואר או מי ששוחט מן העורף haорэф мин шешохэт ми о haцавар мин шешохэт леми
Ведь не даны заповеди (ни для чего) кроме как очистить ими творения.	הרי לא נתנו המצוות אלא לצרף בהם את הבריות. hабрийот эт баhэм лецарэф эла hамицвот нитну ло hарэй
И очищение это, – смысл его: очищение тела грязного,	והצירוף הזה, פירושו הזדככות הגוף העכור. haахур hагуф издакехут перушо ,hазэ вэhацируф
и это – цель, исходящая из исполнения Торы и заповедей всех.	שזוהי התכלית היוצאת מקיום התורה והמצוות כולן. кулан вэhамицвот hатора микийюм hайоцэт hатахлит шезоhи
Потому что осленком диким человек рождается, ведь когда выходит и рождается	מפני שעייר פרא אדם יולד, כי כשיוצא ונולד вэнолад кшэйоцэ ки ,йевалэд адам пэрэ шэаир мипнэй
из лона творения, он находится на пределе скверны и низости.	מחיק הבריאה הוא מצוי בתכלית הזוהמא וחשפלות, вэhашифлут hазоhама бэтахлит мацуй hу абрия михэк
И означают они рост [дело прироста] величины любви к себе,	שפירושם הוא ענין ריבוי גדלות האהבה העצמית haацмит haahава гадлут рибуй иньян hу шепирушам
запечатленной в нем, и все его движения	הנטבעת בו, אשר כל תנועותיו тнуотав коль ашер ,бо hанитбаат

обращены к собственной пользе [настойчиво вращаются на полюсе (оси) самого себя],	סובבות בחזקה על קטבו עצמו, ацмо котво аль бэхазка совэвот
без искр отдачи ближнему совершенно.	מבלי ניצוצי השפעה לזולתו ולא כלום. клум вэло лезулато hашпаа ницуцэй мибли
Таким образом, что тогда (т.е. "в этом состоянии") находится в удалении конечном	באופן, שאז נמצא במרחק הסופי hасофи бэмэрхак нимца шеаз, бэофэн
от корня, Творца, то есть	מן השורש ית' וית', דהיינו дэhайну вэитъале итбарах hашорэш мин
предельно удален [из конца в конец]. Так как корень, Творец, весь Он – (желание) отдавать	מן הקצה אל הקצה, בהיות השורש ית' כולו להשפיע леhашпиа куло итбарах hашорэш биhйот, акацэ эль hакацэ мин
без каких-нибудь искр получения совершенно, не дай Б-г,	בלי שום ניצוצי קבלה כלל וכלל חס ושלום, вэшалом хас ухлаль кляль кабала ницуцэй шум бли
а тот новорожденный находится весь он в состоянии	ואותו הנולד נמצא כולו במצב бэмацав куло нимца hанолад вэото
получения для себя без каких-либо искр отдачи совершенно.	של קבלה לעצמו בלי שום ניצוצי השפעה ולא כלום, клум вэло ашпаа ницуцэй шум бли леацмо кабала шель
И поэтому определяется его состояние (как нахождение) в нижней точке	וע"כ נבחן מצבו בנקודה התחתונה hатахтона банэкуда мацаво нивхан вэаль-кэн
низости и скверны, имеющейся в нашем мире человеческом.	של השפלות והזוהמה המצויה בעולמנו האנושי. hаэноши бэоламэйну hамэцуйя вэhазуhама hашифлут шель

ואלה הם דברי חז"ל (ב"ר פמ"ד) בשאלתם, וכי מה איכפת לי' להקב"ה למי ששוחט מן הצואר או מי ששוחט מן העורף? הרי לא נתנו המצוות אלא לצרף בהם את הבריות עכ"ל. והצירוף הזה, פירושו הזדככות הגוף העכור שזוהי התכלית היוצאת מקיום התורה והמצוות כולן. מפני שעיר פרא אדם יולד, כי כשיוצא ונולד מחיק הבריאה הוא מצוי בתכלית הזוהמא והשפלות, שפירושם הוא ענין ריבוי גדלות האהבה העצמית הנטבעת בו, אשר כל תנועותיו סובבות בחזקה על קטבו עצמו, מבלי ניצוצי השפעה לזולתו ולא כלום. באופן, שאז נמצא במרחק הסופי מן השורש ית' וית', דהיינו מן הקצה אל הקצה, בהיות השורש ית' כולו להשפיע בלי שום ניצוצי קבלה כלל וכלל ח"ו, ואותו הנולד נמצא כולו במצב של קבלה לעצמו בלי שום ניצוצי השפעה ולא כלום, וע"כ נבחן מצבו בנקודה התחתונה של השפלות והזוהמה המצויה בעולמנו האנושי.

И в той мере, что он растет [идет и растет], – так (он) получит из окружения	וככל שהוא הולך וגדל, כן יקבל מהסביבה меhасвива екабэль кэн вэгодэль holex шеhy укэхоль
своего меры (т.е. опред.величины) частичные «отдачи ближнему».	שלו שיעורים חלקיים של "השפעה לזולתו" лезулато hашпаа шель хэлькиим шиурим шэло
И это, несомненно, зависит от степеней развития, имеющихся	וזהו ודאי תלוי בערכי ההתפתחות הנמצאים hанимцаим hаhитпатхут бээркэй талуй вадай вэзэу
в этом окружении. И вот, и тогда начинают воспитывать его	באותה הסביבה. והנה גם אז מתחילים לחנכו леханхо матхилим аз гам вэhинэ hасвива бэота
в исполнении Торы и заповедей для любви к себе – из-за вознаграждения	בקיום תורה ומצוות לאהבת עצמו – משום שכר сахар мишум ацмо леаhават умицвот тора бэкиюм
в этом мире и в мире будущем, называемого "с эгоистическим намерением",	בעוה"ז ועוה"ב, המכונה "שלא לשמה", лишма шело hамэхунэ вэ-олам-hаба ба-олам-hазэ

потому что невозможно приучить его иным образом.	**כי אי אפשר להרגילו באופן אחר.** ахэр бэофэн лэhаргило эфшар и ки
А когда вырос и вошел в года, тогда открывают ему, как придти	**וכשגדל ובא בשנים, אז מגלים לו איך לבא** ла́во эйх ло мэгалим аз башаним ува́ ухшэгадэль
к занятиям заповедями с альтруистическим намерением, что это (означает) – в намерении особом: только	**לעסק המצוות לשמה, שהיא בכוונה מיוחדת רק** рак мэюхэдэт бэхавана шеhи лишма hамицвот леэсэк
(чтобы) доставить радость Творцу. Как писал Рамбам	**לעשות נ"ר ליוצרו. כמ"ש הרמב"ם** hарамбам кмо-шекотэв леёцро нахат-руах лаасот
("Законы возвращения (к Творцу)", глава 10), чтобы женщинам и маленьким не раскрывать	**(הלכות תשובה פ"י) שלנשים וקטנים אין לגלות** легалот эйн вэктаним шеленашим юд пэрэк тшува hалахот
действие в Торе и заповедях с альтруистическим намерением, потому что не смогут вынести это.	**את העסק בתורה ומצוות לשמה, כי לא יוכלו שאתו,** сэто юхлу ло ки лишма умицвот батора hаэсэк эт
Только когда подрастают и приобретают знания и разум, тогда обучают	**רק כשגדלים וקונים דעת ושכל אז מלמדים** мэламдим аз вэсэхэль да́ат вэконим кшегдэлим рак
Их действовать с альтруистическим намерением. И как говорили каббалисты:	**אותם לעשות לשמה. וכמ"ש ז"ל,** заль укмо-шеамру лишма лаасот отам
«Из эгоистических намерений приходит к альтруистическим», которые [что она] определяются намерением	**מתוך שלא לשמה בא לשמה שהיא מוגדרת בכוונה** бэхавана мугдэрэт шеhи лишма ба лишма шело митох
доставить радость Творцу, а не никакой любовью к себе.	**לעשות נ"ר ליוצרו ולא לשום אהבה עצמית** ацмит аhава лешум вэло леёцро нахат-руах лаасот

וככל שהוא הולך וגדל, כן יקבל מהסביבה שלו שיעורים חלקיים של "השפעה לזולתו" וזהו ודאי תלוי בערכי ההתפתחות הנמצאים באותה הסביבה. והנה גם אז מתחילים לחנכו בקיום תורה ומצוות לאהבת עצמו – משום שכר בעוה"ז ועוה"ב, המכונה "שלא לשמה", כי אי אפשר להרגילו באופן אחר. וכשגדל ובא בשנים, אז מגלים לו איך לבא לעסק המצוות לשמה, שהיא בכוונה מיוחדת רק לעשות נ"ר ליוצרו. כמ"ש הרמב"ם (הלכות תשובה פ"י) שלנשים וקטנים אין לגלות את העסק בתורה ומצוות לשמה, כי לא יוכלו שאתו, רק כשגדלים וקונים דעת ושכל אז מלמדים אותם לעשות לשמה. וכמ"ש ז"ל, "מתוך שלא לשמה בא לשמה", שהיא מוגדרת בכוונה לעשות נ"ר ליוצרו ולא לשום אהבה עצמית.

И посредством средства природного, которое (содержится) в занятиях Торой	**וע"י הסגולה הטבעית שבעסק התורה** hатора шэбээсэк hативъит hасгула вэаль-ядэй
и заповедями с альтруистическим намерением, о чем Давший Тору знал,	**והמצוות לשמה אשר נותן התורה ידעה,** еда́а hатора нотэн ашер лишма вэhамицвот
как сказали каббалисты (трактат Кидушин, лист 30, стр.2), что Творец сказал:	**כמ"ש ז"ל (קידושין ל:) שהקב"ה אומר:** омэр шэhакадош-барух-hу ламэд кидушин заль кмо-шеамру
"Я создал злое начало и создал для него Тору – приправу".	**בראתי יצה"ר ובראתי לו תורה תבלין,** тавлин тора ло увара́ти ецэр-hара бара́ти
Вот, получается, (что) творение это (человек) все развивается [идет и развивается]	**הרי נמצא הנברא ההוא הולך ומתפתח** умитпатэ́ах hолэх hаhу hанивра нимца hарэй
и шагает ввысь по уровням и ступеням величия упомянутого,	**ופוסע אל על בדרגות ומעלות הרוממות האמורה,** hаамура hаромэмут умаалот бэдаргот аль эль упосэ́а

пока (не) преуспеет (в) истреблении изнутри себя всех искр	עד שמספיק לאבד מקרבו כל הניצוצות של шель hаницуцот коль микирбо леабэд шемаспик ад	
себялюбия. И все заповеди, которые в нем [в его теле], возвеличиваются,	אהבה עצמית, וכל מצוותיו שבגופו מתרוממים, митромэмим шебэгуфо мицвотав вэхоль ацмит аhава	
и совершает все движения свои только для отдачи, так, что	ועושה את כל תנועותיו רק להשפיע, באופן אשר ашер бэофэн леашпиа рак тнуотав коль эт вэосэ	
даже то насущное, которое он получает, вливается также	אפילו ההכרחיות שהוא מקבל, זורם ג"כ гам-кэн зорэм мэкабэль шеhу hаhэхрахиют афилу	
в намерение отдачи, то есть, чтобы смог отдавать.	לכונת ההשפעה, כלומר כדי שיוכל להשפיע. леашпиа шеюхаль кдэй кломар hаhашпаа лэхаванат	
И это – сказанное каббалистами: не даны заповеди	וזהו אמרם ז"ל: לא נתנו המצוות hамицвот нитну ло заль омрам вэзэhу	
(ни для чего другого) кроме как очистить ими творения.	אלא לצרף בהם את הבריות hабриёт эт баhэм лецарэф эла	

וע"י הסגולה הטבעית שבעסק התורה והמצוות לשמה אשר נותן התורה ידעה, כמ"ש ז"ל (קידושין ל:) שהקב"ה אומר: בראתי יצה"ר ובראתי לו תורה תבלין, הרי נמצא הנברא ההוא הולך ומתפתח ופוסע אל על בדרגות ומעלות הרוממות האמורה, עד שמספיק לאבד מקרבו כל הניצוצות של אהבה עצמית, וכל מצוותיו שבגופו מתרוממים, ועושה את כל תנועותיו רק להשפיע, באופן אשר אפילו ההכרחיות שהוא מקבל, זורם ג"כ לכונת ההשפעה, כלומר כדי שיוכל להשפיע. וזהו אמרם ז"ל: לא נתנו המצוות אלא לצרף בהם את הבריות.

Как сделать текст "своим"

– В начале, как всегда, прослушайте внимательно целиком данный фрагмент, следя по тексту и пробуя "про себя" проговаривать слова, вслед за чтецом. Вы можете попробовать даже использовать для этого упражнения не таблицу, а текст оригинала.

– Далее попробуйте проделать следующее:

а) прослушайте первое предложение первого абзаца;

б) прочитайте его сами;

г) теперь попробуйте перевести его;

д) если вам встретились новые слова, запишите их, обратив внимание на корневые буквы, и рядом напишите перевод этих слов.

Если вам удалось проделать это со всеми предложениями первого абзаца, вы можете попробовать прочитать его целиком и даже перевести его.

Отработайте таким же образом второй абзац. Только, когда вы закончили разбирать его по предложениям, вы читаете целиком опять первый и второй абзацы и делаете перевод уже этих двух абзацев сразу.

Так же вы работаете с третьим абзацем. Таким образом, в конце вы прочитаете целиком 1 + 2 + 3 абзацы (то есть целиком текст) и сможете дать связный перевод.

– Прослушайте запись этого фрагмента. Смогли ли вы понять "на слух" о чем шла речь?

От "ветви к корню"

("внутреннее" содержание слов, раскрытое нам каббалистами)

גוף (тело) – все наши желания, мысли, свойства.

קיום התורה ומצוות (исполнение Торы и заповедей) – исправление желаний с "ради получения" на "ради отдачи"; подъем со ступени на ступень.

השפעה (отдача) – любовь ко всему сотворенному; подъем над эгоистической природой.

ניצוצות (искры) – решимот, которые остались от светов нэкудим после их выхода из разбитых келим.

שכר (вознаграждение) – наслаждение; то, что ощущает в свойстве отдачи.

לעשות (делать) – выполнять действия, несмотря на то, что тело противится этому.

לגלות את הבורא (раскрыть Творца) – увидеть, как эта сила действует каждое мгновение в каждой точке.

מדרגה (ступень) – индивидуальное состояние человека.

את ("эт", предлог, указывающий на винительный падеж) – малхут, включающая в себя все буквы, от א до ת.

Уголок грамматики

- **Быть – был, была, буду, будем…**

В текстах, которые мы разбираем, часто встречаются всевозможные варианты глагола (быть) – להיות.

Чтобы лучше освоиться в текстах, полезно знать, что означают эти конструкции.

местоимение	"лиhиёт" – быть (неопределенная форма, инфинитив) להיות	
	прошедшее время	будущее время
я	הייתי hаити	אהיה эhэ
ты (м. р.)	היית hаита	תהיה тиh`е
ты (ж. р.)	היית hаит	תהיי тиh`и
он	היה hая	יהיה иh`е
она	היתה hайта	תהיה тиh`е
мы	היינו hаину	נהיה ниh`я
вы (м. р.)	הייתם hэитэм	תהיו тиh`ю
вы (ж. р.)	הייתן hэитэн	
они	היו hаю	יהיו иh`ю

"hеёт" (бытие, существование) – היות – существительное.

Полезная информация

Иногда предложение, или фраза в тексте начинается со слов, имеющих тот же корень, что и глагол "быть". Их значение можно просто запомнить. **(ה.י.ה)**

(так как; будучи; поскольку) -ש להיות; ש היות;

(то есть; а именно) דהיינו; היינו; (арам. ניהו (это) + האי (есть) + ד (предлог принадлежности)

(будучи) בהיות;

УРОК 13

И если действительно находим две части в Торе:	ואם אמנם נמצאים ב' חלקים בתורה: батора халаким бэт нимцаим омнам вэим
а) заповеди, принятые между человеком (и)Творцом [местом],	א', מצוות הנוהגות בין אדם למקום ית', итбарах ламаком адам бэйн hаноhагот мицвот алеф
б) заповеди, принятые между человеком (и) ближним его, -	ב', מצוות הנוהגות בין אדם לחבירו. лехавэро адам бэйн hаноhагот мицвот бэт
вот, обе они предмет один имеют в виду, то есть, -	הנה שניהם לדבר אחד מתכוונים דהיינו дэhайну миткавним эхад ледавар шнэйhэм hинэ
чтобы привести творение к [в руки] цели конечной	כדי להביא הנברא לידי המטרה הסופית hасофит hаматара лийдэй hанивра леhави кдэй
слияния (с)Творцом, как было разъяснено.	של הדביקות בו ית' כמבואר. камэвуар итбарах бо hадвекут шель
И не только (это), но даже сторона практическая, которая в них обеих,	ולא עוד, אלא אפילו הצד המעשי שבשניהם шебэшнэйhэм hамааси hацад афилу эла од вэло
это также категория одна буквально, потому что во время [в час], когда совершает действие свое	הוא ג"כ בחינה אחת ממש, כי בשעה שעושה מעשהו маасэhу шеосэ бэшаа ки мамаш ахат бхина гам-кэн hу
с альтруистическим намерением, и нет никаких примесей любви к себе	"לשמה" ולא לשום תערובות של אהבה עצמית ацмит аhава шель таʼаровот лешум вэло лишма
то есть без всякого извлечения пользы какой-либо для него самого,	דהיינו בלי שום הפקת תועלת של משהו בעדו עצמו, ацмо бэадо машеhу шель тоэлет hафакат шум бли дэhайну
тогда не почувствует этот человек никакой разницы в действии его,	אז לא ירגיש האדם שום הפרש במעשהו, бэмаасэhу hэфрэш шум hаадам яргиш ло аз
между (тем), если он работает ради любви к ближнему его,	בין אם הוא עובד לאהבת חברו хавэро леаhават овэд hу им бэйн
(и) между (тем), если он работает ради любви к Творцу.	בין אם הוא עובד לאהבת המקום ית. итбарах hамаком леаhават овэд hу им бэйн

ואם אמנם נמצאים ב' חלקים בתורה: א', מצוות הנוהגות בין אדם למקום ית', ב', מצוות הנוהגות בין אדם לחבירו. הנה שניהם לדבר אחד מתכוונים דהיינו להביא הנברא לידי המטרה הסופית של הדביקות בו ית' כמבואר.

ולא עוד, אלא אפילו הצד המעשי שבשניהם הוא ג"כ בחינה אחת ממש, כי בשעה שעושה מעשהו "לשמה" ולא לשום תערובות של אהבה עצמית דהיינו בלי שום הפקת תועלת של משהו בעדו עצמו, אז לא ירגיש האדם שום הפרש במעשהו, בין אם הוא עובד לאהבת חברו בין אם הוא עובד לאהבת המקום ית'.

Потому, что закон природный это для любого творения -	משום שחוק טבעי הוא לכל בריה брия лехоль hу тивъэй шэхок мишум
что все, находящееся вне рамок тела его собственного –	שכל הנמצא מחוץ למסגרת גופו עצמו ацмо гуфо лемисгэрэт михуц hанимца шехоль
это у него как вещь пустая и нереальная совершенно,	הוא אצלו כמו דבר ריק ובלתי מציאותי לגמרי, легамрэй мэциюти убилти рэйк давар кмо эцло hу
и каждое движение, которое человек делает ради любви к ближнему	וכל תנועה שאדם עושה לאהבת זולתו зулато леаhават осэ шэадам тнуа вэхоль

он делает это с помощью света возвращающегося и какого-то воздаяния	הוא עושה זאת בעזרת אור חוזר ואיזה גמול׳	гмуль вээйзэ хозэр ор бээзрат зот осэ hу
предназначение которого [конец его] – вернуться к нему и послужить для пользы его собственной.	שסופו לחזור אליו ולשמשו לתועלתו עצמו	ацмо летоальто улешамшо элав лахазор шесофо
И поэтому не действия, подобные этим,	ולפיכך, אין מעשים כגון אלו	элу кэгон маасим эйн улефихах
могут называться именем «любовь к ближнему»,	יכולים להקרא בשם "אהבת זולתו"	зулато аhават бэшем леhикарэ ехолим
потому что судится (все) по конечному результату [по имени конца], и подобно (это)	משום שנידון על שם סופו, ודומה	вэдомэ софо шем аль шенидон мишум
найму, который не оплачивается (иначе), кроме как	לשכירות שאינה משתלמת אלא	эла мишталэмэт шеэйна лесхирут
в конце и в любом случае [с любого места] действие	לבסוף ומכל מקום אין מעשה	маасэ эйн маком умиколь левасоф
найма не считается любовью к ближнему.	השכירות נחשב לאהבת זולתו	зулато леаhават нэхшав hасхирут

משום שחוק טבעי הוא לכל בריה שכל הנמצא מחוץ למסגרת גופו עצמו הוא אצלו כמו דבר ריק ובלתי מציאותי לגמרי, וכל תנועה שאדם עושה לאהבת זולתו הוא עושה זאת בעזרת אור חוזר ואיזה גמול שסופו לחזור אליו ולשמשו לתועלתו עצמו, ולפיכך, אין מעשים כגון אלו יכולים להקרא בשם "אהבת זולתו" משום שנידון על שם סופו, ודומה לשכירות שאינה משתלמת אלא לבסוף ומכל מקום אין מעשה השכירות נחשב לאהבת זולתו.

Однако совершить какое-нибудь движение и труд	אולם לעשות איזו תנועה וטרחה	вэтирха тнуа эйзо лаасот улам
по причине любви (к) ближнему совершенно, т.е. без искр воздаяния [возвращающегося света]	משום אהבת זולתו לגמרי, דהיינו בלי ניצוצי אור חוזר	хозэр ор ницуцэй бли дэhайну легамрэй зулато аhават мишум
и никакой надежды на какое-либо вознаграждение, которое вернется к нему,	ושום תקוה של איזה גמול שישוב אליו,	элав шеяшув гмуль эйзэ шель тиква вэшум
это со стороны природы совершено из (области) невозможного.	זהו מצד הטבע לגמרי מן הנמנעות.	hанимнаут мин легамрэй hатэва мицад зэу
И о подобном [как выходит в этом] сказали в Тикуней Зоар о народах мира:	ועל כיוצא בזה אמרו בתיקוני הזהר על אומות העולם,	hаолам умот аль азоhар батикунэй амру базэ каёцэ вэаль
«Все милосердие, которое делают – для себя его делают» (арам.)	כל חסד דעבדין לגרמייהו הוא דעבדין.	дэавдин hу леграмайhу дэавдин хэсэд коль
Объяснение: все, что они делают хорошее с их ближними	פירוש, כל מה שהמה מתחסדים עם חבריהם	хаврэйhэм им митхасдим шеhэма ма коль перуш
или в служении богам их – это не по причине любви к ближним,	או בעבדות אלהיהם אין זה משום אהבת זולתם	зулатам аhават мишум зэ эйн элокэйhэм бэавдут о
а только по причине любви к себе, и это из-за того, что вещь эта («чистый альтруизм») – он	אלא משום אהבה עצמית, והוא משום שדבר זה הוא	hу зэ шедавар мишум вэhу ацмит аhава мишум эла
вне пути природы, как объяснено.	מחוץ לדרך הטבע כמבואר.	камэвуар hатэва ледэрэх михуц

אולם לעשות איזו תנועה וטרחה משום אהבת זולתו לגמרי, דהיינו בלי ניצוצי אור חוזר ושום תקוה של איזה גמול שישוב אליו, זהו מצד הטבע לגמרי מן הנמנעות. ועל כיוצא בזה אמרו בתיקוני הזהר על אומות העולם, כל חסד דעבדין לגרמייהו הוא דעבדין. פירוש, כל מה שהמה מתחסדים עם חבריהם או בעבדות אלהיהם אין זה משום אהבת זולתם אלא משום אהבה עצמית, והוא משום שדבר זה הוא מחוץ לדרך הטבע כמבואר.

И поэтому только исполняющие Тору и заповеди подготовлены к делу этому –	ועל כן רק מקיימי התורה והמצוות מוכשרים לדבר זה, зэ ледавар мухшарим вэhамицвот hатора мэкаймэй рак кэн вэаль
(тот) кто в приучении себя исполнять Тору и Заповеди	שבהרגילו את עצמו לקיים את התורה והמצוות веамицвот hатора эт лекаем ацмо эт шебэhаргело
(чтобы) сделать удовольствие Творцу, – тогда постепенно отделяется	לעשות נחת רוח ליוצרו, אז לאט לאט נפרש нифраш леат леат аз лэцро руах нахат ласот
и выходит из лона природного творения и приобретает природу вторую,	ויוצא מחיק הבריאה הטבעית וקונה טבע שני, шени тэва вэконэ hативъит hабрия михэк вэёцэ
– это [что она] любовь к ближнему, упомянутая.	שהיא אהבת זולתו האמורה. hаамура зулато аhават шеhи
И это то, что привело авторов [мудрецов] Зоар (к тому, чтобы) исключить	וזהו שהביא לחכמי הזוהר להוציא леhоци hазоhар лехохмэй шеhэви вэзэу
народы мира из понятия любви к ближним их, – совершенно.	את אומות העולם מדבר אהבת זולתם מכל וכל. ваколь миколь зулатам аhават мидвар hаолам умот эт
И сказали: «Каждое благодеяние, которое делают – для себя его делают» (арам.),	ואמרו כל חסד דעבדין לגרמייהו הוא דעבדין дэавдин hу леграмаhу дэавдин хэсэд коль вэамру
потому что нет у них (такого) дела – занятие Торой и заповедями с альтруистическим намерением.	משום שאין להם את ענין העסק בתו"מ לשמה, лишма умицвот бэтора hаэсэк иньян эт лаhэм шеэйн мишум
И все дело служения их богам – оно по причине вознаграждения и спасения	וכל דבר העבדות לאלהיהם הוא משום שכר והצלה вэhацала сахар мишум hу леэлокэйhэм hаавдут двар вэхоль
в мире этом и в мире будущем, как известно,	בעוה"ז ובעוה"ב כנודע, канода уваолам-hаба баолам-hазэ
и получается (что) также их служение их богам – оно из-за себялюбия.	ונמצא גם עבדותם לאלהיהם הוא משום אהבה עצמית. ацмит аhава мишум hу леэлокэйhэм авдутам гам вэнимца
И, само собой, не совершится у них никогда	וממילא לא תארע להם לעולם леолам лаhэм тээра ло умимэйла
никакого действия, которое было бы вне пределов их тел собственных,	שום פעולה שתהיה מחוץ למסגרת גופם עצמם, гуфам лемисгэрэт михуц шетиhье пэула шум
чтобы смогли подняться ради него (действия)	שיוכלו להתרומם בשבילה бишвила леhитромэм шеюхлу ацмам
даже на волосок [как нить волоса] над почвой (т.е. низшим уровнем) природы.	אפילו כחוט השערה ממעל לקרקע הטבע. hатэва лекарка мимааль hасэара кэхут афилу

וע"כ רק מקיימי התורה והמצוות מוכשרים לדבר זה, שבהרגילו את עצמו לקיים את התורה והמצוות לעשות נ"ר ליוצרו, אז לאט לאט נפרש ויוצא מחיק הבריאה הטבעית וקונה טבע שני, שהיא אהבת זולתו האמורה.

וזהו שהביא לחכמי הזוהר להוציא את אומות העולם מדבר אהבת זולתם מכל וכל. ואמרו כל חסד דעבדין לגרמייהו הוא דעבדין, משום שאין להם את ענין העסק בתו"מ לשמה, וכל דבר העבדות לאלהיהם הוא משום שכר והצלה בעוה"ז ובעוה"ב כנודע, ונמצא גם עבדותם

לאלהיהם הוא משום אהבה עצמית. וממילא לא תארע להם לעולם שום פעולה שתהיה מחוץ למסגרת גופם עצמם, שיוכלו להתרומם בשבילה אפילו כחוט השערה ממעל לקרקע הטבע.

Как сделать текст "своим"

— Прослушайте запись этого фрагмента, следя по тексту, проделайте это более одного раза.

— Далее вы можете прослушать первый абзац. Прочитайте его сами и попробуйте перевести, не заглядывая в готовый перевод. Если вам встретились новые слова, выпишите их, обращая внимание на их строение, и рядом напишите их значение, "подсмотрев" его в данном выше переводе.

— Проделайте эти упражнения со вторым абзацем и в конце прочитайте вместе 1 + 2 абзацы и сделайте их перевод.

— Вы можете отработать поочередно все эти абзацы и после освоения каждого вы будете читать и переводить по такой схеме:

1 абзац + 2 абзац

1 + 2 + 3

1 + 2 + 3 + 4

1 + 2 + 3 + 4 + 5

1 + 2 + 3 + 4 + 5 + 6,

т.е. в конце вы сможете прочитать целиком данный фрагмент и перевести его.

— Прослушивая короткими фразами запись этого текста попробуйте сделать его устный перевод.

От "ветви к корню"

("внутреннее" содержание слов, раскрытое нам каббалистами)

לשמה ("лишма") – то, что отделяется от своего "я", перестает думать о себе.

אהבה עצמית (любовь к себе) – духовная смерть.

אהבה לזולת (любовь к ближнему) – свобода; единственный способ исправления мира и достижения אהבת ה' (любви к Творцу).

עבודה (работа) – предпочтение духовного материальному; изменение намерения человека при помощи обращения к Творцу, то есть "работа" – это правильная молитва.

עבדים (работники) – те, кто способны работать сами с собой.

תנועה רוחנית (движение духовное) – движение в свойстве отдачи, любви к ближнему.

אור חוזר (отраженный свет) – свет, который не принимается в бхину далет и отталкивается при помощи экрана.

Уголок грамматики

• **Инфинитив**

Неопределенная форма глагола отвечает на вопросы "что делать?", "что сделать?".

Она образуется с помощью приставки -ל и основы, которой является повелительное наклонение мужского рода, единственного числа:

לדבר "ледабэр" (говорить) = ל + דבר "дабэр"

Если инфинитив заканчивается на -ות "от", это значит, что последняя корневая буква -ה:

לעשות "лаасот" (делать) – корень ע.ש.ה.

להגלות "*леhигалот*" (раскрываться) – корень **ג.ל.ה.**

Если инфинитив заканчивается на **-ת**, *это значит, что первая буква корня* **-י** :

לדעת "*ладаат*" (знать) – корень **י.ד.ע.**

לצאת "*лацэт*" (выходить) – корень **י.צ.א.**

Отрицательная форма для инфинитива образуется при помощи отрицания **לא** "*ло*" :

לא להיעצב "*ло лееацэв*" (не грустить!) – корень **ע.צ.ב.**

Полезная информация

После слов "хочу", "могу", "должен" глагол всегда имеет неопределенную форму:

להתחבר (объединиться) **צריכים** (должны) **אנחנו** (мы)

לגלות (раскрыть) **את הבורא** (Творца) **רוצים** (хотим) **אנחנו** (мы)

לעזור (помочь) **לעולם** (миру) **יכולים** (можем) **אנחנו** (мы)

УРОК 14

והננו רואים בשתי עינינו, אשר כלפי вэhинэну роим биштэй эйнэну ашер клапэй	И вот мы видим ясно [двумя нашими глазами], что в отношении
העוסק בתורה ומצוות לשמה, הנה אפילו מצד hаосэк бэтора умицвот лишма hинэ афилу мицад	занимающегося Торой с альтруистическим намерением, вот, даже со стороны
המעשיות שבתורה אינו מרגיש שום הבדל hамаасиют шебатора эйно маргиш шум hэвдэль	деятельности, что (предписана) Торой, он не ощущает никакой разницы
בב' חלקי התורה. כי בטרם שמשתלם בדבר, бэбэт хэлкэй hатора ки бэтэрэм шемиштальм бадавар	в двух частях Торы. Поскольку прежде чем усовершенствуется в этом [в деле],
הכרח הוא, שכל פעולה לזולתו hэхрах hу шеколь пэула лезулато	обязательно то, что каждое действие для ближнего его,
הן להשי"ת והן לבני אדם מורגשת hэн леhашем итбарах вэhэн ливнэй адам мургэшет	как для Творца, так и для людей ощущается
אצלו כמו ריקנית לבלי מושג, эцло кмо рэйканит левли мусаг	у него как пустое до непостижимости [без понятия].
אולם ע"י יגיעה גדולה נמצא улам аль-ядэй егия гдола нимца	Однако посредством усилия большого, получается
עולה ומתרומם לאט לאט לטבע שני, כנ"ל. оле умитромэм леат леат летэва шени канизкар леэйль	(что он) поднимается и возвышается постепенно к природе второй, как упомянуто выше.
ואז זוכה תיכף למטרה הסופית, вэаз зохэ тэхэф ламатара hасофит	И тогда удостаивается сразу цели конечной,
שהיא הדביקות בו ית' כמבואר. шеhи hадвекут бо итбарах камэвуар	которая – слияние с Творцом, как было объяснено.

והננו רואים בשתי עינינו, אשר כלפי העוסק בתורה ומצוות לשמה, הנה אפילו מצד המעשיות שבתורה אינו מרגיש שום הבדל בב' חלקי התורה. כי בטרם שמשתלם בדבר, הכרח הוא, שכל פעולה לזולתו הן להשי"ת והן לבני אדם מורגשת אצלו כמו ריקנית לבלי מושג, אולם ע"י יגיעה גדולה נמצא עולה ומתרומם לאט לאט לטבע שני, כנ"ל. ואז זוכה תיכף למטרה הסופית, שהיא הדביקות בו ית' כמבואר.

И потому что так это, вот, соображение дает (сделать вывод),	וכיון שכן הוא, הנה הסברה נותנת нотэнэт hасвара hинэ hу шекэн вэхейван
что та часть Торы, что управляет (отношениями) между человеком и ближним его,	אשר אותו חלק התורה הנוהג בין אדם לחברו, лехавэро адам бэйн hаноhэг hатора хэлэк ото ашер
она наиболее пригодна (чтобы) привести человека	הוא היותר מסוגל להביא את האדם hаадам эт леhави мэсугаль hайотэр hу
к цели желаемой, поскольку работа в заповедях, (регулирующих отношения) между человеком	למטרה הנרצת, משום שהעבודה במצוות שבין אדם адам шебэйн бэмицвот шеhаавода мишум hанирцэт лематара
и Творцом [местом] она постоянна и определенна и нет	למקום ית' היא קבועה ומסויימת ואין вээйн умэсуемэт квуа hи итбарах ламаком
у нее обвинителей и человек привыкает к ней легко, –	לה תובעים והאדם מתרגל אליה בנקל, бэнакэль элэйhа митрагэль вэhаадам товъим ла
а все, что делает в силу привычки, уже не может	וכל שעושה מחמת הרגל כבר אינו מסוגל мэсугаль эйно квар hэргель мехамат шеосэ вэхоль
принести ему пользу, как известно. Но не так это	להביא לו תועלת כנודע. מש"כ ма-шеэйн-кэн канода тоэлет ло леhави
(в) части заповедей, которая между человеком и его ближним, – она	חלק המצוות שבין אדם לחברו הוא hу лехавэро адам шебэйн hамицвот хэлэк
непостоянна и неопределенна, и обвинители окружают	בלתי קבוע ובלתי מסויים והתובעים מסבבים мэсабэвим вэhатовъим мэсуям увильти кавуа бильти
его, куда ни повернется, а потому (применение) их свойств	אותו בכל אשר יפנה, וע"כ סגולתם сгулатам вэаль-кэн ифнэ ашер бэхоль ото
более надежно, и цель их более близка (к цели творения).	יותר בטוחה ומטרתם יותר קרובה. крова ётэр уматратам бэтуха ётэр

וכיון שכן הוא, הנה הסברה נותנת אשר אותו חלק התורה הנוהג בין אדם לחברו, הוא היותר מסוגל להביא את האדם למטרה הנרצת, משום שהעבודה במצוות שבין אדם למקום ית' היא קבועה ומסויימת ואין לה תובעים והאדם מתרגל אליה בנקל, וכל שעושה מחמת הרגל כבר אינו מסוגל להביא לו תועלת כנודע. מש"כ חלק המצוות שבין אדם לחברו הוא בלתי קבוע ובלתי מסויים והתובעים מסבבים אותו בכל אשר יפנה, וע"כ סגולתם יותר בטוחה ומטרתם יותר קרובה.

Как сделать текст "своим"

– Прослушайте несколько раз данный фрагмент, одновременно следя по "чистому" тексту и пробуя проговаривать слова "про себя", вслед за чтецом.

– Теперь вы можете выполнить следующее упражнение: как и в прошлом уроке, разбейте первый абзац на предложения, поочередно прослушивайте их, проговаривайте сами вслух, пробуйте перевести, выписывая новые слова, обращая свое внимание на конструкции слов и, если не знали их значения, подписывайте их перевод, взяв его из таблицы. В конце прочитайте сами вслух целиком абзац и переведите его.

Проделайте такие же упражнения со вторым абзацем и в конце прочитайте 1 + 2 абзацы, т.е. целиком данный фрагмент, и сделайте его перевод.

– Далее вы можете, слушая запись в удобном для Вас темпе, записать русский перевод. Старайтесь в этом упражнении не пользоваться готовым переводом, приведенном в таблице.

От "ветви к корню"

("внутреннее" содержание слов, раскрытое нам каббалистами)

טרם ו אחר כך ("прежде" и "после этого") – когда говорят о причине и следствии между двумя творениями, то причину называют "прежде", а следствие называют "после этого".

זולת (ближний) – всё, что вне меня, любой, кто вне меня.

להשיג (постигать) – "увидеть", то есть ощутить силы, действующие внутри происходящего.

השגה (постижение) – высшая ступень понимания, происходит снизу вверх; раскрытие Творца в духовном разуме.

לאט לאט (постепенно) – ступень за ступенью.

Уголок грамматики

- **Глаголы – действительные, страдательные и возвратные**

В грамматике принято обозначать буквы корней буквами – פ.ע.ל , где ל – третья буква корня, ע – вторая буква корня, פ – первая буква корня.

Существуют три типа глаголов: 1) действительные (активные); 2) страдательные (пассивные); 3) возвратные. В иврите каждому типу соответствуют несколько глагольных конструкций, называемых "биньяним". Их всего семь:

1. Действительные (активные):

Модель **פעל** "пааль" – **כתב** "катав" (писал, написал).

Модель **פיעל** "пиэль" – **סיפר** "сипэр" (рассказал).

Модель **הפעיל** "hиф`иль" – **הכתיב** "hихтив" (продиктовал).

2. Страдательные (пассивные):

Модель **נפעל** "ниф`аль" – **נקרא** "никра" (прочитан).

Модель **פועל** "пуаль" – **סופר** "супар" (рассказан).

Модель **הופעל** "hуф`аль" – **מורגש** "мургаш" (ощущаемый).

3. Возвратные:

Модель **נפעל** "ниф`аль" – **נשמר** "нишмар" (охранялся).

Модель **התפעל** "hитпаэль" – **התכתב** "hиткатэв" (переписывался).

Подставляя в модели буквы корня мы получаем тот, или иной тип глагола.

Полезная информация

Окончания глаголов в настоящем времени:

лицо	мужской род		женский род	
	единственное число	множественное число	единственное число	множественное число
1,2,3	-	ים-	ה-, ת-	ות-

УРОК 15

Теперь мы поймем, просто, слова Гилеля-патриарха тому геру ("тому геру" – арам.)	עתה נבין בפשיטות דברי הלל הנשיא להאי גיורא, гиёра леhаи hанаси hилель диврэй бепшитут навин ата
что суть оси [полюса] что в Торе – это "Возлюби ближнего как себя»,	אשר עיקר הקוטב שבתורה הוא ואהבת לרעך כמוך камоха лерэаха вэаhавта hу шебатора hакотэв икар ашер
а остальные 612 заповедей – они объяснение и подготовка	ויתר תרי"ב מצוות הם פירוש והכשר вэhэхшер перуш hэм мицвот тарьяб вэетэр
к ней (как упомянуто выше, пункт 2). И даже (те) заповеди,	אליה (כנ"ל אות ב'). ואפילו המצוות hамицвот вэафилу.(бэт от каналь) элеhа
что между человеком и Творцом [местом], они также в совокупности подготовки	שבין אדם למקום הם ג"כ בכלל הכשר hэхшер бихлаль гам-кэн hэм ламаком адам шебэйн
(к) заповеди этой, – так как она цель конечная, происходящая из всей	המצוה הזו,להיותה המטרה הסופית היוצאת מכל миколь hаёцэт hасофит hаматара леhеёта hазу hамицва
Торы и заповедей, как сказали каббалисты:	התורה והמצוות, כמ"ש ז"ל заль кмо-шеамру вэhамицвот hатора
"Не даны Тора и заповеди (ни для чего другого) кроме как очистить ими "исраэль"	"לא נתנו תורה ומצוות אלא לצרף בהם את ישראל" исраэль эт баhэм лецарэф эла умицвот тора нитну ло
(как упомянуто выше, пункт 12) что это очищение тела,	(כנ"ל אות י"ב), שהיא הזדככות הגוף, hагуф издакхут шеhи (юд-бэт от каналь)
пока (не) приобретет природу вторую, определенную (т.е. заключающуюся) в любви к ближнему,	עד שקונה טבע שני המוגדר באהבת זולתו, зулато бэаhават hамугдар шени тэва шеконэ ад
– то есть заповеди одной, "Возлюби ближнего как себя",	דהיינו המצוה האחת של ואהבת לרעך כמוך, камоха лерэаха вэаhавта шель hаахат hамицва дэhайну
что она – цель конечная в Торе,	שהיא המטרה הסופית בתורה, батора hасофит hаматара шеhи
(потому) что после нее удостаивается сразу слияния с Творцом.	אשר אחריה זוכה תיכף לדביקותו ית'. итбарах лидвэкуто тэхеф зохэ ахарэhа ашер

עתה נבין בפשיטות דברי הלל הנשיא להאי גיורא, אשר עיקר הקוטב שבתורה הוא ואהבת לרעך כמוך ויתר תרי"ב מצוות הם פירוש והכשר אליה (כנ"ל אות ב'). ואפילו המצוות שבין אדם למקום הם ג"כ בכלל הכשר המצוה הזו, להיותה המטרה הסופית היוצאת מכל התורה והמצוות, כמ"ש ז"ל "לא נתנו תורה ומצוות אלא לצרף בהם את ישראל" (כנ"ל אות י"ב), שהיא הזדככות הגוף, עד שקונה טבע שני המוגדר באהבת זולתו, דהיינו המצוה האחת של ואהבת לרעך כמוך, שהיא המטרה הסופית בתורה, אשר אחריה זוכה תיכף לדביקותו ית'.

И не следует задаваться вопросом: почему не определил это высказыванием [написанным]	ואין להקשות למה לא הגדיר זה בכתוב бакатув зэ hигдир ло лама лэhакшот вээйн
«Возлюби Творца своего всем сердцем своим и всей душой своей,	"ואהבת את ה' אלקיך בכל לבבך ובכל נפשך нафшеха увэхоль левавха бэхоль элокэха hашэм эт вэаhавта
и всем своим естеством»? (Ибо) это по причине, объясненной выше,	ובכל מאודך" כי זה מטעם המבואר לעיל, леэйль hамэвуар митаам зэ ки мэодэха увэхоль

что на самом деле в отношении человека, который находится еще в (рамках) природы творения,	אשר באמת כלפי האדם הנמצא עוד בטבע הבריאה hабрия бэт<u>э</u>ва од hанимца hаадам клапэй бээмэт ашер
нет (для него) разницы между любовью к Творцу,	אין הבדל כלל בין אהבת השי"ת итбарах hашем аhават бэйн клаль hэвдэль эйн
и любовью к ближнему, так как все, что вне него –	לאהבת חברו, משום שכל מה שזולתו шезулато ма шеколь мишум хавэро леаhават
это у него (входит) в определение нереального. И потому [из того], что тот гер	הוא אצלו בגדר בלתי מציאותי. ומתוך שאותו הגר hагер шеото умитох мэциюти б<u>и</u>лти бэгэдэр эцло hу
просил Гилеля-патриарха, чтобы объяснил ему	ביקש מהלל הנשיא שיסביר לו ло шеясбир hанаси миhилель бикэш
обобщение необходимое из Торы, чтобы стала цель его близка [близка придти (к нему)],	כללות הנרצה מהתורה כדי שתהיה מטרתו קרובה לבוא лаво крова матрато шэтиhйе кэдэй меhатора hанирцэ клалут
и чтобы не умножил пути хождения (своего), как сказано им:	ולא ירבה בדרך הליכה כאמרו кэомро hалиха бад<u>э</u>рэх ербэ вэло
"Научи меня всей Торе, (пока я стою) на ноге одной».	"למדני כל התורה כולה על רגל אחת ахат р<u>э</u>гэль аль кула hатора коль ламдэни
Поэтому определил ему (суть Торы) любовью к ближнему его, так как цель ее	ע"כ הגדיר לו באהבת חברו משום שמטרתה шематрата мишум хавэро бэаhават ло hэгдир кэн аль
более близка и быстра (чтобы) проявиться (как сказано выше, пункт 14),	יותר קרובה ומהירה להתגלות (כנ"ל אות י"ד) далет юд от каналь леhитгалот умэhира крова ётэр
поскольку застрахована от ошибок и поскольку есть для нее обвинители.	משום ששמורה מטעויות ומשום שיש לה תובעים. товъим ла шэеш умишум митауёт шешмура мишум

ואין להקשות למה לא הגדיר זה בכתוב "ואהבת את ה' אלקיך בכל לבבך ובכל נפשך ובכל מאודך" כי זה מטעם המבואר לעיל, אשר באמת כלפי האדם הנמצא עוד בטבע הבריאה אין הבדל כלל בין אהבת השי"ת לאהבת חברו, משום שכל מה שזולתו הוא אצלו בגדר בלתי מציאותי. ומתוך שאותו הגר ביקש מהלל הנשיא שיסביר לו כללות הנרצה מהתורה כדי שתהיה מטרתו קרובה לבוא ולא ירבה בדרך הליכה כאמרו "למדני כל התורה כולה על רגל אחת" ע"כ הגדיר לו באהבת חברו משום שמטרתה יותר קרובה ומהירה להתגלות (כנ"ל אות י"ד) משום ששמורה מטעויות ומשום שיש לה תובעים.

Как сделать текст "своим"

– Прослушайте аудиозапись каждого абзаца, одновременно следя по тексту и проговаривая "про себя" слова, вслед за чтецом, следя за текстом под таблицей.

– Далее вы можете, разделив абзац на предложения или фразы, прослушать каждое, затем попробовать прочитать самостоятельно, перевести его и, встретив новые слова, выписать их обращая внимание на их конструкцию, и написать рядом их значение. Старайтесь работать сразу по "чистому" тексту, обращаясь к таблице только в "экстренных" случаях, то есть когда непонятно прочтение, или значение слова.

– Разобрав все предложения первого абзаца, попробуйте прочитать его самостоятельно целиком и дайте связанный перевод. Проработайте так же второй абзац и теперь прочитайте целиком 1 + 2 абзацы и сделайте их устный перевод.

– Теперь, слушая текст удобными для Вас отрывками, переводите их, стараясь не подглядывать в таблицу.

От "ветви к корню"

("внутреннее" содержание слов, раскрытое нам каббалистами)

לב (сердце) – сосуд света руах.

אמת (истина) – сочетание всех келим; вечное духовное состояние; то, что я сейчас ощущаю, что присутствует в моем кли.

לבוא לאמונה (прийти к вере) – преодолеть эгоизм.

לעבור גיור (пройти гиюр) – приобрести отдающие келим.

כמוך (как ты сам) – когда человек ощущает всю реальность как часть себя.

Уголок грамматики

К действительным (активным) глаголам относятся глаголы с моделями פעל *"пааль",* פעל *"пиэль",* הפעיל *"hиф`иль".*

1. Глаголы модели פעל **"пааль" обозначают, как правило, простое действие:**

(ע.ב.ד) *Корень –* לעבוד *(работать)*

К признакам этой конструкции относится присутствие звука "о" после первой согласной корня в настоящем времени:

אתה עובד *(ты работаешь)*

2. Глаголы модели פעל **"пиэль" часто обозначают более интенсивное действие, чем глаголы типа "пааль":**

(ע.ב.ד) *Корень –* לעבד *(обрабатывать)*

К признакам этой кострукции относится наличие приставки -מ *в настоящем времени:*

הוא מעבד *(он обрабатывает)*

3. Глаголы модели הפעיל **"hиф`иль" описывают побуждение, или обусловленность совершения действия:**

(ע.ב.ד) *Корень –* להעביד *(нанимать на работу)*

К признакам этой модели относится наличие приставки -מ *"ма" в настоящем времени и приставки* -ה *"he" в прошедшем времени:*

הוא מעביד *(он нанимает на работу),* העביד *(он нанял на работу)*

От некоторых конструкций глаголов могут образовываться, так называемые, отглагольные существительные. Рассмотрим некоторые из них ("0" – место для букв корня в модели):

ס.ל.ח *(прощать, извинять) –* פעל *"пааль" – модель* 00י0ה – סליחה *(прощение)*

ח.ב.ר *(соединять) –* פעל *"пиэль" – модель* 0י0ו0 – חיבור *(соединение)*

ש.פ.ע *(давать в изобилии) –* הפעיל *"hиф`иль" – модель* ה000ה – השפעה *(отдача)*

Полезная информация

Окончания глаголов в прошедшем времени:

лицо	мужской род		женский род	
	единственное число	множественное число	единственное число	множественное число
1	‎-תִי	‎-נוּ	‎-תִי	‎-נוּ
2	‎-תָ	‎-תֶם	‎-תְ	‎-תֶן
3	-	‎-וּ	‎-ה	‎-וּ

УРОК 16

И в сказанном нашли мы вход, (чтобы) понять (то, на) чем останавливались выше –	ובאמור מצאנו הפתח להבין במה שעמדנו לעיל леиль шеамадну бэма леhавин hапэтах мацану уваамур
(пункт 3 и 4) об основе содержания заповеди этой,	(אות ג' וד') בעיקר תוכנה של המצוה הזאת hазот hамицва шель тохна бэикар (вэдалет гимель от)
«Возлюби ближнего своего как себя»: как обязывает нас Тора	"ואהבת לרעך כמוך" איך מחייבת אותנו התורה hатора отану мэхайевэт эх камоха лерэаха вэаhавта
делу, которое из (области) невозможного – исполнить его? – изучи там (написанное) хорошо.	בדבר שהוא מהנמנעות לקיימה, עש"ה. айен-шам-hэйтэв лекайма мэhанимнаот шеhу бэдавар
(И) действительно, пойми! Что (именно) по причине этой не дана (была) Тора	אכן השכל! שמהטעם הזה לא ניתנה התורה hатора нитна ло hазэ шемеhатаам hаскэль ахэн
праотцам нашим святым Аврааму, Ицхаку и Яакову,	לאבותינו הק' אברהם יצחק ויעקב, вэйааков ицхак авраhам hакдошим леавотэйну
но затянулось это дело до выхода (из) Египта,	אלא נמשך הדבר עד יציאת מצרים, мицраим йэциат ад hадавар нимшах эла
когда вышли и стали народом целым в шесть сотен тысяч человек	שיצאו והיו לאומה שלימה בת שש מאות אלף איש иш элеф мэот шеш бат шлема леума вэhайю шеяцъу
от 20-ти лет и выше. Поскольку тогда каждый из этого народа	מעשרים שנה ומעלה, כי אז כל אחד מהאומה мэhаума эхад коль аз ки вэмаала шана меэсрим
был спрошен, согласен ли (он) на работу возвышенную эту.	נשאל אם מסכים לעבודה הנשגבה הזאת, hазот hанисгава лаавода маским им нишъаль
И после того, что каждый [один и один] из народа согласился	ואחר שכל אחד ואחד מהאומה הסכים hиским мэhаума вээхад эхад шеколь вэахар
всем сердцем и душой на это и сказал: «Сделаем и услышим»,	בכל לב ונפש לדבר ואמר נעשה ונשמע, вэнишма наасэ вэамар ладавар ванэфэш лев бэхоль
тогда создалась возможность исполнить совокупность (законов) Торы,	אז נעשתה האפשרות לקיים את כללות התורה, hатора клалут эт лекайем hаэфшарут нээста аз
(т.е. то) что вышло из области невозможного и вошло в сферу возможного.	שיצאה מגדר הנמנעות ובאה לגדר האפשרות. hаэфшарут легэдэр уваа hанимнаут мигэдэр шейацъа

ובאמור מצאנו הפתח להבין במה שעמדנו לעיל (אות ג' וד') בעיקר תוכנה של המצוה הזאת "ואהבת לרעך כמוך" איך מחייבת אותנו התורה בדבר שהוא מהנמנעות לקיימה, עש"ה.

אכן השכל! שמהטעם הזה לא ניתנה התורה לאבותינו הק' אברהם יצחק ויעקב, אלא

ЧАСТЬ ВТОРАЯ

נמשך הדבר עד יציאת מצרים, שיצאו והיו לאומה שלימה בת שש מאות אלף איש מעשרים שנה ומעלה, כי אז כל אחד מהאומה נשאל אם מסכים לעבודה הנשגבה הזאת, ואחר שכל אחד ואחד מהאומה הסכים בכל לב ונפש לדבר ואמר נעשה ונשמע, אז נעשתה האפשרות לקיים את כללות התורה, שיצאה מגדר הנמנעות ובאה לגדר האפשרות.

Ибо это несомненно окончательно, – если шесть сотен тысяч человек	כי זהו ודאי גמור, אם שש מאות אלף איש иш элеф мэот шеш им гамур вадай зэhу ки	
удалятся от всех занятий своих для нужд собственных, и (уже) нет у них	מסתלקים מכל עסקיהם לצרכי עצמם ואין להם лаhэм вээйн ацмам лецоркей эскэйhэм миколь мисталким	
никакого дела в их жизни, (как) только стоять на страже всегда,	שום עסק בחייהם רק לעמוד על המשמר תמיד тамид hамишмар аль лаамод рак бэхаейhэм эсэк шум	
чтобы не недоставало ничего (из) необходимого у товарищей их, и не только (это) [еще], –	שלא יחסר שום צורך לחבריהם, ולא עוד од вэло лехаврэйhэм цорэх шум йехсар шело	
но что займутся этим с любовью колоссальной, всем сердцем их и всей душой их,	אלא שיעסקו בזה באהבה עצומה בכל לבבם ונפשם вэнафшам левавам бэхоль ацума бэаhава базэ шеяаску эла	
как вся (полнота) определения заповеди «Возлюби ближнего своего как себя», –	ככל גדרה של המצוה "ואהבת לרעך כמוך", камоха лерэаха вэаhавта hамицва шель гидра кэхоль	
тогда ясно безо всякого сомнения, что исчезла [обнулилась] вся необходимость	אז ברור בלי שום ספק, שאפס כל צורך цорэх коль шеафэс сафэк шум бли барур аз	
у каждого индивидуума из членов нации заботиться о собственном существовании.	מכל יחיד מחברי האומה לדאוג בשביל קיומו עצמו. ацмо киюмо бишвиль лидъог hаума михэврэй яхид миколь	
И сделался (он) из-за этого свободным совершенно от охраны собственного существования,	ונעשה משום זה פנוי לגמרי משמירת קיומו עצמו, ацмо киюмо мишмират легамрэй пануй зэ мишум вэнааса	
и может исполнять легко заповедь «Возлюби ближнего своего как себя»	ויכול לקיים בנקל את המצוה של ואהבת לרעך כמוך камоха лерэаха вэаhавта шель hамицва эт бэнакэль лекайем вэяхоль	
во всех тех условиях, разъясненных в пункте 3 и 4.	בכל אותם התנאים המבוארים באות ג' וד'. вэдалет гимель бэот hамэвуарим hатнаим отам бэхоль	
Ибо как упадет на него беспокойство о собственном существовании	כי איך תפול עליו דאגה על קיומו עצמו, ацмо киюмо аль даага алав типоль эйх ки	
тогда [в тот час] как шесть сотен тысяч человек любящих верных	בה בשעה ששש מאות אלף איש אוהבים נאמנים нээманим оhавим иш элеф мэот шешеш бэшаа ба	
стоят на страже искренней, с вниманием [надзором] сильнейшим,	עומדים על המשמר הכן בהשגחה עצומה ацума бэhашгаха hахэн hамишмар аль омдим	
чтобы не недоставало у него ничего из необходимого ему.	שלא יחסר לו כלום מצרכיו. мицрахав клум ло йехсар шело	

כי זהו ודאי גמור, אם שש מאות אלף איש מסתלקים מכל עסקיהם לצרכי עצמם ואין להם שום עסק בחייהם רק לעמוד על המשמר תמיד שלא יחסר שום צורך לחבריהם, ולא עוד אלא שיעסקו בזה באהבה עצומה בכל לבבם ונפשם ככל גדרה של המצוה "ואהבת לרעך כמוך", אז ברור בלי שום ספק, שאפס כל צורך מכל יחיד מחברי האומה לדאוג בשביל קיומו עצמו. ונעשה משום זה פנוי לגמרי משמירת קיומו עצמו, ויכול לקיים בנקל את המצוה של ואהבת לרעך כמוך בכל אותם התנאים המבוארים באות ג' וד'. כי איך תפול עליו דאגה על קיומו עצמו, בה בשעה ששש מאות אלף איש אוהבים נאמנים עומדים על המשמר הכן בהשגחה עצומה שלא יחסר לו כלום מצרכיו.

И поэтому, после того, как все члены нации согласились на это,	ולפיכך, אחר שכל חברי האומה הסכימו לדבר ладавар hискиму hаума хэврэй шеколь ахар улефихах	
тотчас дана им (была) Тора, ибо сейчас они сделались	תיכף ניתנה להם התורה, כי עתה המה נעשו наасу hэма ата ки hатора лаhэм нитна тэхэф	
способными исполнить ее. Однако (не были такими) прежде, чем пришли и умножились	מוכשרים לקיימה. אמנם מקודם שבאו ונתרבו вэнитрабу шебау микодэм омнам лекайма мухшарим	
до меры народа целого. И нет нужды говорить (что)	לשיעור אומה שלימה ואין צריך לומר ломар царих вээйн шлема ума лешиур	
во время праотцов, которые были только единицами в стране,	בזמן האבות שהיו רק יחידים בארץ, баарэц ехидим рак шеhаю hаавот бэзман	
не подготовлены были в действительности исполнять Тору	לא הוכשרו באמת לקיים התורה hатора лекайем бээмэт hухшеру ло	
желаемым образом, потому что в количестве малом	על אופנה הרצוי, כי במספר קטן катан бэмиспар ки hарацуй офана аль	
людей невозможно даже начать (что-либо)	של אנשים אי אפשר אפילו להתחיל леhатхиль афилу эфшар и анашим шель	
в деле занятий заповедями (об отношениях) между человеком и ближним его	בענין עסק המצוות שבין אדם לחברו лахавэро адам шебэйн hамицвот эсэк бэиньян	
согласно оси [полюсу] "Возлюби ближнего своего как себя",	כפי הקוטב של ואהבת לרעך כמוך, камоха лерэаха вэаhавта шель hакотэв кэфи	
как сказано в пункте 3 и 4,	כמבואר באות ג' וד', вэдалет гимэль бэот камэвуар	
и поэтому не дана (была) им Тора.	ולפיכך לא ניתנה להם התורה. hатора лаhэм нитна ло улефихах	

ולפיכך, אחר שכל חברי האומה הסכימו לדבר תיכף ניתנה להם התורה, כי עתה המה נעשו מוכשרים לקיימה. אמנם מקודם שבאו ונתרבו לשיעור אומה שלימה ואין צריך לומר בזמן האבות שהיו רק יחידים בארץ, לא הוכשרו באמת לקיים התורה על אופנה הרצוי, כי במספר קטן של אנשים אי אפשר אפילו להתחיל בענין עסק המצוות שבין אדם לחברו כפי הקוטב של ואהבת לרעך כמוך, כמבואר באות ג' וד', ולפיכך לא ניתנה להם התורה.

Как сделать текст "своим"

– Попробуйте прочитать данный фрагмент самостоятельно, отмечая в тексте слова, произношение которых вам пока не знакомо. Теперь попробуйте перевести прочитанное, также отмечая новые слова (работайте с текстом под таблицей).

– Теперь прослушайте аудио запись данного фрагмента, обращая внимание на звучание отмеченных вами слов. Посмотрите в таблице их транслитерацию и снова прослушайте запись, пробуя повторять слова за чтецом.

– Прочитайте самостоятельно этот текст по предложениям, сразу пробуя перевести их и выписывая новые слова. Не забывайте обращать ваше внимание на конструкции слов. Рядом с выписанными словами напишите их значение, взятое из данного выше перевода.

– Далее Вы можете, слушая данный текст удобными для Вас фрагментами, вслед за чтецом давать устный перевод.

– Теперь оставьте перед собой только русский перевод и попробуйте перевести вслух устно этот текст на иврит.

От "ветви к корню"

("внутреннее" содержание слов, раскрытое нам каббалистами)

הבנה (понимание) – понимание происходит сверху вниз, а постижение – снизу вверх.

אבות (праотцы) – исправленные души; ХаГаТ парцуфа.

אברהם, יצחק, יעקב (Авраам, Ицхак, Яков) – три линии исправления.

עד ("до", предлог) – наполнение светом до кокого-то предела.

מצרים (Египет) = מיץ (сок) + רע (зло) – желания, противостоящие духовному продвижению; концентрат эгоизма.

כשר ("кашер" – пригодный) – любое действие, приводящее к слиянию.

זמן (время) – промежуток между прошлыми и настоящими ощущениями.

Уголок грамматики

К страдательным (пассивным) глаголам относятся глаголы с моделями הפעל *"hуф`аль",* פעל *"пуаль",* נפעל *"ниф`аль".*

1. Большая часть глаголов модели נפעל **"ниф`аль" являются глаголами пассивного действия для глаголов модели** פעל **"пааль":**

כתב *(писал)* – נכתב *(написан)*

Признаком этой модели является приставка נ*- для всех лиц в настоящем и прошедшем временах:*

הספרים האלו נכתבים *(эти книги написаны ...)*

2. Глаголы модели פעל **"пуаль" выражают пассивную форму глаголов модели** פעל **"пиэль":**

תקן *"тикэн" (исправил)* – תקן *"тукан" (исправлено)*

Особенностями этой модели являются приставка מ*- в начале глаголов настоящего времени и огласовка "у" первой буквы корня:*

רצון מתוקן *(желание исправлено (исправленное))*

(иногда глаголы этой модели выступают как прилагательные).

3. Глаголы модели הפעל **выражают пассивную форму глаголов модели** הפעיל**:**

הלביש *(одел)* – הלבש *(был одет)*

Особенностями этой модели являются огласовка "у" для всех приставок, наличие приставки מ*- для настоящего времени и приставки* ה*- для прошедшего времени:*

אור מולבש בכלי *(свет облачен в кли)*

Модель отглагольного существительного от конструкции נפעל*:*

ק.ב.ץ *(собирать)* – נפעל – *модель* ה000ות – הקבצות *(собирание)*

Полезная информация

Приставки глаголов в будущем времени:

лицо	мужской род		женский род	
	единственное число	множественное число	единственное число	множественное число
1	א-	נ-	א-	נ-
2	ת-	ת---ו	ת---י	ת---ו (ת---נה)
3	י-	י---ו	ת-	י---ו (ת---נה)

Повелительное наклонение образуется от глаголов будущего времени 2 лица, единственного и множественного числа путем отбрасывания приставки будущего времени:

ת – תשמח (будешь радоваться) = שמח (радуйся)

В отрицательной форме будущего времени используется частица "ло" לא, а для отрицания в повелительном наклонении употребляется частица "аль" אל.

УРОК 17

И из сказанного сможем понять высказывание, одно из (самых) странных	ובאמור נוכל להבין מאמר אחד מהתמוהים	мэhатмуhим эхад маамар леhавин нухаль увэамур
в высказываниях каббалистов, то есть, о том, что сказали	שבמאמרי חז"ל, דהיינו במה שאמרו	шеамру бэма дэhайну хазаль шебэмаамрэй
что весь «исраэль» – поручители друг за друга, что на первый взгляд это	אשר כל ישראל ערבים זה לזה, שלכאורה הוא	hу шелихъора лазэ зэ арэвим исраэль коль ашер
необоснованно совершенно, ибо возможно ли, (что) если кто-либо	בלתי מוצדק בתכלית, כי היתכן אם מי שהוא	шеhу ми им hайтахэн ки бэтахлит муцдак билти
грешит или совершает [преступает] преступление и гневит своего Создателя,	חוטא או עובר עבירה ומכעיס את קונו	коно эт умахъис авэйра овэр о хотэ
и нет у тебя никакого знакомства и отношения с ним -,	ואין לך שום הכרות ושייכות עמו,	имо вэшаяхут hэкерут шум леха вээйн
взыщет Творец долг его с тебя?	יגבה הקב"ה את חובו ממך,	мимха хово эт hакадош-барух-hу игбэ
и (в) Торе написано: "Не будут умерщвлены отцы за сынов ..." –	ומקרא כתוב "לא יומתו אבות על בנים	баним аль авот юмту ло катув умикра
и оканчивается – "...человек в грехе своем будет умерщвлен" – и как (же) говорят,	וגו' איש בחטאו יומת" ואיך אומרים	омрим вээйх юмат бэхэтъо иш вэгомрэй
что даже чужой для тебя совершенно, что ты не знаешь	אשר אפילו הנכרי לך לגמרי שאינך מכיר	макир шеэйнха легамрэй леха hанохри афилу ашер
ни его, ни места его, (и) получаешься ты ответственным за грехи его?	לא אותו ולא את מקומו נמצאת ערב בחטאיו?	бэхатаав арэв нимцэта мэкомо эт вэло ото ло

ובאמור נוכל להבין מאמר אחד מהתמוהים שבמאמרי חז"ל, דהיינו במה שאמרו אשר כל ישראל ערבים זה לזה, שלכאורה הוא בלתי מוצדק בתכלית, כי היתכן אם מי שהוא חוטא או עובר עבירה ומכעיס את קונו ואין לך שום הכרות ושייכות עמו, יגבה הקב"ה את חובו ממך, ומקרא כתוב "לא יומתו אבות על בנים וגו' איש בחטאו יומת" ואיך אומרים אשר אפילו הנכרי לך לגמרי שאינך מכיר לא אותו ולא את מקומו נמצאת ערב בחטאיו?

ЧАСТЬ ВТОРАЯ

И (если) мало тебе этого, возьми и смотри в трактате Кидушин	והמעט לך זה, קח וראה במסכת קידושין кидушин бэмасэхэт уръэ ках зэ леха вэhамэат
лист 40, страница 2,* сказано [и это их язык]:	דף מ' ע"ב, וזה לשונם: лешонам вэзэ бэт амуд мэм даф
"Раби Эльазар, сын раби Шимона, говорит:"Согласно (тому)	רבי אלעזר ברבי שמעון אומר לפי лефи омэр шимон бараби эльазар раби
что мир судится по [после] большинству его, –	שהעולם נידון אחר רובו, рубо ахар нидон шеhаолам
и индивидуум судится по большинству его (дел).	והיחיד נידון אחר רובו, рубо ахар нидон вэhаяхид
Исполнил [сделал] одну заповедь – счастлив он, что склонил себя	עשה מצוה אחת אשריו שהכריע את עצמו ацмо эт шеhэхриа ашрав ахат мицва аса
и весь мир чашу весов на чашу (весов) заслуг, совершил [преступил] преступление	ואת כל העולם לכף זכות, עבר עבירה אחת ахат авэра авар зхут лехаф hаолам коль вээт
одно – горе ему, что склонил себя и весь мир на чашу вины,	אוי לו שהכריע את עצמו ואת כל העולם לכף חובה, хова лехаф hаолам коль вээт ацмо эт шеhэхриа ло ой
как сказано: "И один грешник погубит много добра". Конец высказывания (перевод не букв.)	שנאמר וחוטא אחד יאבד טובה הרבה. עכ"ל. ад-кан-лешонам hарбэ това еабэд эхад вэхотэ шенээмар

* Примечание: в трактатах Талмуда отсчет текста идет не постранично, а по листам. У каждого листа две страницы: с правой стороны листа (не разворота) – страница 'א (1), следующая, с левой стороны листа – страница 'ב (2).

והמעט לך זה, קח וראה במסכת קידושין דף מ' ע"ב, וזה לשונם: רבי אלעזר ברבי שמעון אומר לפי שהעולם נידון אחר רובו, והיחיד נידון אחר רובו, עשה מצוה אחת אשריו שהכריע את עצמו ואת כל העולם לכף זכות, עבר עבירה אחת אוי לו שהכריע את עצמו ואת כל העולם לכף חובה, שנאמר וחוטא אחד יאבד טובה הרבה. עכ"ל.

И вот, сделал меня раби Эльазар сын раби Шимона	והנה עשאוני ר"א בר"ש шимон раби бэн эльазар раби асауни вэhинэ
поручителем также за [для] мир весь,	ערב גם בשביל העולם כולו, куло hаолам бишвиль гам арэв
что получается, по его мысли, что все сыны мира ответственны друг за друга,	שנמצא לדעתו אשר כל בני העולם ערבים זה לזה, лазэ зэ арэвим hаолам бнэй коль ашер ледаато шенимца
и каждый индивидуум порождает своими действиями заслугу или вину	וכל יחיד יגרום במעשיו זכות או חובה хова о зхут бэмаасав игром яхид вэхоль
всему миру полностью. А это – "удивление на удивлении".	לכל העולם כולו. שזוהי תמיה ע"ג תמיהה. тмиhа аль-габэй тмиhа шезоhи куло hаолам лехоль
Однако, согласно выясненному выше – вот, слова каббалистов	אולם לפי המתבאר לעיל הרי דבריהם ז"ל заль диврэйhэм hарэй леэйль hамитбаэр лефи улам
понятны и обоснованы в абсолютной простоте,	מובנים ומוסכמים בתכלית הפשטות, hапаштут бэтахлит умускамим муваним
ибо ведь (мы) доказали себе [глазам], что все детали	כי הנה הוכחנו לעינים אשר כל פרט ופרט уфрат прат коль ашер лаэйнаим hохахну hинэ ки
из 613 заповедей что в Торе вращаются на оси [полюсе]	מתרי"ג המצוות שבתורה סובבים על קוטבה котва аль соввим шебатора hамицвот митарьяг

одной заповеди «Возлюби ближнего как себя»,	של המצוה האחת של ואהבת לרעך כמוך, камоха лерэаха вэаhавта шель hаахат hамицва шель
И выясняется, что ось эта – не в области осуществимого,	ונתבאר, שקוטב זה אינו בגדר של קיום киюм шель бэгэдэр эйно зэ шекотэв вэнитбаэр
кроме как в народе совершенном, – что все люди [товарищи] его готовы к этому.	זולת באומה שלימה שכל חבריה מוכנים לדבר. ладавар муханим хавэрэhа шеколь шлема бэума зулат

והנה עשאוני ר"א בר"ש ערב גם בשביל העולם כולו, שנמצא לדעתו דכל בני העולם ערבים זה לזה, וכל יחיד יגרום במעשיו זכות או חובה לכל העולם כולו. שזוהי תמיהה ע"ג תמיהה.

אולם לפי המתבאר לעיל הרי דבריהם ז"ל מובנים ומוסכמים בתכלית הפשטות, כי הנה הוכחנו לעינים אשר כל פרט ופרט מתרי"ג המצוות שבתורה סובבים על קוטבה של המצוה האחת של ואהבת לרעך כמוך, ונתבאר, שקוטב זה אינו בגדר של קיום זולת באומה שלימה שכל חבריה מוכנים לדבר.

Как сделать текст "своим"

– Прочитайте этот текст самостоятельно. Отметьте слова, произношение и смысл которых вызывает у вас затруднения.

– Прослушивая аудиозапись данного текста, пробуйте читать его вместе с чтецом, обращая внимание на звучание отмеченных вами слов и на общую интонацию повествования.

– Выпишите отмеченные вами слова. Посмотрите в транслитерации их произношение и произнесите их вслух. Обратите ваше внимание на конструкцию выписанных слов и напишите рядом с каждым его значение, найдя его в приведенном выше переводе. Прочитайте еще раз самостоятельно этот текст и попробуйте целиком перевести его.

– Закройте все "шпаргалки" и включите аудио запись. Прослушивая текст в удобном для Вас режиме, пробуйте вслед за чтецом делать вслух устный перевод.

– Теперь, оставив перед собой только русский перевод, можно попробовать проговорить и записать его на иврите.

От "ветви к корню"

("внутреннее" содержание слов, раскрытое нам каббалистами)

לעבור (переходить) – действие, позволяющее приблизиться к Творцу.

לכתוב (написать) – раскрыть в действительности.

בן (сын) – низший относительно высшего; каждый, кто хочет прийти на уровень бины; тот, у кого есть точка в сердце.

בנים (сыновья) = АХа"П.

גבר (мужчина) – тот, кто способен преодолевать.

קדוש (святой) – свободный от желания получать; отделенный от эгоизма; тот, кто всецело находится в отдаче.

זכות אבות (заслуги отцов) – то, что я могу "купить" своим усилием, присоединяясь к тем, кто прошли эти ступени постижения до меня.

Уголок грамматики

- **Глаголы модели התפעל "һитпаэль" являются возвратной формой от глаголов модели פעל "пиэль":**

פלל *(надеялся, чаял)* – התפלל *(молился)*

Особенностью этой модели является наличие буквы -ת- между приставкой и корнем, (или -הת в прошедшем, так, что в настоящем времени стоит -מת):

להתפלל מעומק הלב *(молиться из глубины сердца)*

Модель отглагольного существительного от глагола модели התפעל "һитпаэль":

התגברות – הת000ות *модель* – התפעל *(преодолевать)* ג.ב.ר. *(преодоление)*

Полезная информация

В иврите сослагательное наклонение (то, что по-русски выражается при помощи частицы "бы", "хотел бы" и пр.) выражается при помощи глагола להיות (быть) + настоящее время значимого глагола:

אנחנו היינו רוצים להיפגש עם חברינו (мы хотели бы встретиться с нашими товарищами)

ЧАСТЬ ТРЕТЬЯ

Мы надеемся, что уроки и самостоятельная работа над текстами помогли вам приобрести навыки в чтении каббалистических текстов на языке оригинала.

Поэтому в третьей части нашего пособия мы поместили несколько страниц из текстов каббалистов без объяснений и советов, просто для чтения.

Стих Ари из книги "Древо жизни"

Древо жизни	עץ החיים hахаим эц
Знай, что прежде чем были эманированы сущности и сотворены творения,	דע, כי טרם שנאצלו הנאצלים ונבראו הנבראים, аниврэим вэниврэу hанээцалим шенээцлу тэрэм ки да
был свет высший простой, заполняющий всю действительность.	היה אור עליון פשוט ממלא את כל המציאות. hамциют коль эт мэмале пашут эльйон ор hайя
И не было никакого места свободного в смысле пространства пустого и полого	ולא היה שום מקום פנוי בבחינת אויר ריקני וחלל, вэхалаль рэйкани авир бэвхинат пануй маком шум hайя вэло
но все было наполнено светом бесконечным простым тем.	אלא הכל היה מלא אור האין סוף הפשוט ההוא. hаhу hапашут соф hаэйн ор мале hайя hаколь эла
И не было у него ни свойства начала [головы], ни свойства конца,	ולא היה לו לא בחינת ראש ולא בחינת סוף, соф бхинат вэло рош бхинат ло ло hайя вэло
но все было – свет один простой, однородный, в равенстве едином,	אלא הכל היה אור אחד פשוט שווה בהשוואה אחת, ахат бэhашваа шавэ пашут эхад ор hайя hаколь эла
и (это) – он, называемый "светом бесконечности".	והוא הנקרא "אור אין סוף". соф эйн ор hаникра вэhу
И когда появилось [поднялось] в желании его простом	וכאשר עלה ברצונו הפשוט hапашут бирцоно ала вэкаашер
сотворить миры и эманировать сущности,	לברוא את העולמות ולהאציל את הנאצלים, hанээцалим эт вэлеhаациль hаоламот эт ливро
вывести на свет совершенство действий его, имен его и наименований его,	להוציא לאור שלימות פעולותיו, שמותיו וכינוייו, вэкинуйяв шмотав пэулотав шлемут лаор леhоци
что было (именно) это причиной сотворения миров, –	שהיתה זאת סיבת בריאת העולמות. hаоламот бриат сибат зот шеhайта
вот, тогда сократил себя Бесконечный в точке средней	הנה אז צמצם את עצמו אין סוף בנקודה האמצעית, hаэмцаит банэкуда соф эйн ацмо эт цимцэм аз hинэ
которая в нем в средине, буквально.	אשר בו באמצע ממש, мамаш баэмца бо ашер
И сократил свет тот,	וצמצם את האור ההוא, hаhу hаор эт вэцимцэм
и удалился к окружающим сторонам средней точки.	והתרחק אל סביבות צדדי הנקודה האמצעית. hаэмцаит hанэкуда цдадэй свивот эль вэитрахэк
И тогда осталось место свободное, пространство и полость пустая	ואז נשאר מקום פנוי, אויר וחלל ריקני рэйкани вэхалаль авир пануй маком нишъар вэаз
от этой точки средней, буквально.	מהנקודה האמצעית ממש. мамаш hаэмцаит меhанэкуда
И вот, сокращение это было в равенстве едином	והנה הצמצום הזה היה בהשוואה אחת ахат бэhашваа hайя hазэ hацимцум вэhинэ

ЧАСТЬ ТРЕТЬЯ

в окружении точки средней, пустой той,	בסביבות הנקודה האמצעית הריקנית ההיא. hahи hарэйканит hаэмциат hанэкуда басвивот
таким образом, что место полости той	באופן שמקום החלל ההוא hahy hахалаль шэмаком бэофэн
было круглым со всех сторон равенством полным.	היה עגול מכל סביבותיו בהשוואה גמורה. гмура бэhашваа свивотав миколь агол hайя
И вот, после сокращения,	והנה אחר הצמצום, ацимцум ахар вэhинэ
когда [что тогда] осталось место полости и пространства свободного и пустого	אשר אז נשאר מקום החלל והאויר פנוי וריקני вэрэйкани пануй вэhаавир hахалаль маком нишъар аз ашер
посредине света бесконечности, буквально, -	באמצע אור האין סוף ממש, мамаш соф hаэйн ор баэмца
вот, уже было место, что смогут там быть	הנה כבר היה מקום, שיוכלו שם להיות лиhйот шам шеюхлу маком hайя квар hинэ
эманированные и сотворенные, и созданные, и сделанные.	הנאצלים, והנבראים, והיצורים, והנעשים. вэhанаасим вэhаецурим вэhанивраим hанээцалим
И тогда протянул от света бесконечности линию одну свою, сверху вниз,	ואז המשיך מן אור אין סוף קו אחד שלו מלמעלה למטה, лемата милемала шело эхад кав соф эйн ор мин hэмших вэаз
нисходящую и спускающуюся внутрь полости той.	המשתלשל ויורד תוך החלל ההוא. hahy hахалаль тох вэйорэд hамиштальшель
и через линию ту эманировал и сотворил, и создал, и сделал	ודרך הקו ההוא האציל, וברא, ויצר, ועשה вэаса вэяцар увара hээциль hahy hакав вэдэрэх
все миры полностью.	כל העולמות כולם. кулам hаоламот коль
Прежде четырех миров этих	קודם ארבעה העולמות הללו hалалу hаоламот арбаа кодэм
был Бесконечный один и имя его одно, в единстве удивительном и скрытом	היה אין סוף אחד ושמו אחד באחדות נפלא ונעלם, вэнээлам нифла бэахдут эхад ушмо эхад соф эйн hайя
(так,) что нет силы даже у ангелов, близких к Нему	שאין כוח אפילו במלאכים הקרובים אליו элав hакровим бамалъахим афилу коах шеэйн
и нет им постижения в Бесконечном.	ואין להם השגה באין סוף, соф баэйн hасага лаhэм вээйн
Ибо нет никакого разума сотворенного, который сможет постичь Его,	כי אין שום שכל נברא שיוכל להשיגו, леhасиго шеюхаль нивра сэхэль шум эйн ки
так как нет Ему (ни) места и ни предела, и ни имени.	היות כי אין לו מקום, ולא גבול, ולא שם. шем вэло гвуль вэло маком ло эйн ки hйот

עץ החיים
דע, כי טרם שנאצלו הנאצלים ונבראו הנבראים,
היה אור עליון פשוט ממלא את כל המציאות.
ולא היה שום מקום פנוי בבחינת אויר ריקני וחלל,
אלא הכל היה מלא אור האין סוף הפשוט ההוא.
ולא היה לו לא בחינת ראש ולא בחינת סוף,
אלא הכל היה אור אחד פשוט שווה בהשוואה אחת,
והוא הנקרא "אור אין סוף".

וכאשר עלה ברצונו הפשוט לברוא את העולמות ולהאציל את הנאצלים,
להוציא לאור שלימות פעולותיו, שמותיו וכינוייו,
שהייתה זאת סיבת בריאת העולמות.
הנה אז צמצם את עצמו אין סוף בנקודה האמצעית,
אשר בו באמצע ממש,
וצמצם את האור ההוא,
והתרחק אל סביבות צדדי הנקודה האמצעית.

ואז נשאר מקום פנוי, אויר וחלל ריקני
מהנקודה האמצעית ממש.
והנה הצמצום הזה היה בהשוואה אחת
בסביבות הנקודה האמצעית הריקנית ההיא.
באופן שמקום החלל ההוא
היה עגול מכל סביבותיו בהשוואה גמורה.

והנה אחר הצמצום,
אשר אז נשאר מקום החלל והאויר פנוי וריקני
באמצע אור האין סוף ממש,
הנה כבר היה מקום,
שיוכלו שם להיות הנאצלים, והנבראים, והיצורים, והנעשים.

ואז המשיך מן אור אין סוף קו אחד שלו מלמעלה למטה,
המשתלשל ויורד תוך החלל ההוא.
ודרך הקו ההוא האציל, וברא, ויצר, ועשה
כל העולמות כולם.

קודם ארבעה העולמות הללו
היה אין סוף אחד ושמו אחד באחדות נפלא ונעלם,
שאין כוח אפילו במלאכים הקרובים אליו
ואין להם השגה באין סוף,
כי אין שום שׂכל נברא שיוכל להשיגו,
היות כי אין לו מקום, ולא גבול, ולא שם.

Главы из первой статьи книги "Шамати" – "Нет никого кроме Него"

Вот, написано: «Нет никого кроме Него одного», что означает, что нет никакой силы другой	הנה כתוב "אין עוד מלבדו", שפירושו, שאין שום כח אחר hинэ катув эйн од мильвадо шеперушо шеэйн шум коах ахэр
в мире, что будет у нее возможность сделать что-нибудь против Него, (да) благословится Он.	בעולם, שיהיה לו יכולת לעשות משהו נגדו יתברך. баолам шеиhье ло ехолет лаасот машеhу нэгдо итбарах
А то, что человек видит, что есть вещи в мире, что они отрицают	ומה שהאדם רואה שיש דברים בעולם שהם מכחישים ума шеhаадам роэ шейеш дварим баолам шеhэм макхишим
(существование) высших сил, причина: потому что таково оно,	פמליא של מעלה, הסיבה היא, מטעם שכך הוא памалья шель маала hасиба hи митаам шеках hу
желание Его, благословится Он. И это категория исправления, называемая	רצונו יתברך. וזהו בחינת תיקון, הנקרא рэцоно итбарах вэзэhу бхинат тикун hаникра
«левая отталкивает, а правая приближает».	"שמאל דוחה וימין מקרבת". смоль доха вэямин мэкарэвэт
то есть, то, что левая отталкивает, это входит в рамки исправления.	כלומר, מה שהשמאל דוחה, זה נכנס בגדר של תיקון. кломар ма шеhасмоль доха зэ нихнас бэгэдэр шель тикун
Это значит, что есть вещи в мире, которые пришли (в мир), изначально	זאת אומרת, שישנם דברים בעולם, שבאו מלכתחילה зот омэрэт шейешнам дварим баолам шебау милехатхила
с намерением отвернуть человека от пути прямого,	על הכוונה להטות את האדם מדרך הישר, аль hакавана леhатот эт hаадам мидэрэх hаяшар
что ими он (будет) оттолкнут от святости. А польза от этих отталкиваний, она (в том),	שעל ידיהם הוא נדחה מקדושה. והתועלת מהדחיות הוא, шеаль ядэйhэм hу нидха микдуша вэhатоэлет мэhадхиёт hу
что с их помощью человек получает потребность и желание полное,	שעל ידם האדם מקבל צורך ורצון שלם, шеаль ядам hаадам мэкабэль цорэх вэрацон шалем
чтобы Творец помог ему, ибо иначе он видит, что он пропал.	שהקב"ה יעזור לו, כי אחרת הוא רואה שהוא אבוד. шеhакадош-барух-hу яазор ло ки ахэрэт hу роэ шеhу авуд
(Будто) не достаточно (того), что не продвигается в работе, но лишь видит он, что идет назад.	לא די שלא מתקדם בעבודה, רק הוא רואה, שהולך אחורה. ло дай шело миткадэм баавода рак hу роэ шеhолех ахora
То есть даже с эгоистическим намерением нет у него сил исполнять Тору и заповеди.	היינו, אפילו שלא לשמה אין לו כח לקיים את התו"מ. hайну афилу шело лишма эйн ло коах лекайем эт hатора умицвот
(И) что только преодолением истинным всех препятствий (верой) выше	שרק ע"י התגברות אמיתי על כל המכשולים למעלה шерак аль-ядэй итгабрут амити аль коль амихшолим лемала
знания он может исполнять Тору и заповеди. И не всегда есть у него	מהדעת הוא יכול לקיים את התו"מ. ולא תמיד יש לו мэhадаат hу яхоль лекайем эт hатора умицвот вэло тамид еш ло
сила преодоления (верой) выше знания. (Но) иначе, – он вынужден (будет) свернуть	כח ההתגברות למעלה מהדעת. אחרת, הוא מוכרח לנטות коах аhитгабрут лемала мэhадаат ахэрэт hу мухрах линтот
не дай Б-г, с пути Творца даже от намерения ради себя.	חס ושלום מדרך ה', אפילו משלא לשמה. хас вэшалом мидэрэх hашем афилу мишело лишма
И он (в состоянии) что всегда у него разломанного больше устоявшего.	והוא, שתמיד אצלו הפרוץ מרובה מהעומד. вэhу шетамид эцло hапаруц мэрубэ мэhаомэд
То есть, что падений – их намного больше, чем подъемов.	היינו שהירידות הם הרבה יותר מהעליות. hайну шеhаеридот hэм hарбэ ётэр мэhаалиёт

И не видит (он) в этом, что придет [возьмет] конец состояниям этим, –	ולא רואה בזה שיקח סוף המצבים האלה hаэлэ hамацавим соф шеиках базэ роэ вэло
и он останется навсегда вне святости.	והוא ישאר תמיד מחוץ לקדושה, лакдуша михуц тамид ишаэр вэhу
Так как он видит, (что) даже самую малость [как кончик (буквы) юд] трудно ему исполнить,	כי הוא רואה, אפילו כקוצו של יוד קשה לו לקיים, лэкайем ло кашэ йод шель кекуцо афилу роэ hу ки
только преодолением (верой) выше знания.	רק בהתגברות למעלה מהדעת мэhадаат лемала бэhитгабрут рак
Но не всегда он способен преодолеть. И каков будет конец?	אבל לא תמיד הוא מסוגל להתגבר. ומה יהיה הסוף? асоф йиhье ума леhитгабэр мэсугаль hу тамид ло аваль

הנה כתוב "אין עוד מלבדו", שפירושו, שאין שום כח אחר בעולם, שיהיה לו יכולת לעשות משהו נגדו יתברך. ומה שהאדם רואה שיש דברים בעולם שהם מכחישים פמליא של מעלה, הסיבה היא, מטעם שכך הוא רצונו יתברך. וזהו בחינת תיקון, הנקרא "שמאל דוחה וימין מקרבת". כלומר, מה שהשמאל דוחה, זה נכנס בגדר של תיקון. זאת אומרת, שישנם דברים בעולם, שבאו מלכתחילה על הכוונה להטות את האדם מדרך הישר, שעל ידיהם הוא נדחה מקדושה.

והתועלת מהדחיות הוא, שעל ידם האדם מקבל צורך ורצון שלם, שהקב"ה יעזור לו, כי אחרת הוא רואה שהוא אבוד. לא די שלא מתקדם בעבודה, רק הוא רואה, שהולך אחורה. היינו, אפילו שלא לשמה אין לו כח לקיים את התו"מ. שרק ע"י התגברות אמיתי על כל המכשולים למעלה מהדעת הוא יכול לקיים את התו"מ. ולא תמיד יש לו כח ההתגברות למעלה מהדעת. אחרת, הוא מוכרח לנטות חס ושלום מדרך ה', אפילו משלא לשמה. והוא, שתמיד אצלו הפרוץ מרובה מהעומד. היינו, שהירידות הם הרבה יותר מהעליות. ולא רואה בזה שיקח סוף המצבים האלה, והוא ישאר תמיד מחוץ לקדושה. כי הוא רואה, אפילו כקוצו של יוד קשה לו לקיים, רק בהתגברות למעלה מהדעת. אבל לא תמיד הוא מסוגל להתגבר. ומה יהיה הסוף?

Тогда он приходит к решению, что нет (никого), кто сможет помочь,	אז הוא בא לידי החלטה, שאין מי שיכול לעזור, лаазор шеяхоль ми шеэйн hахлата лийдэй ба hу аз
кроме Творца, – (только) сам Он. И это приводит (к тому),	אלא הקב"ה בכבודו ובעצמו. וזה גורם, горэм вэзэ увэацмо биxводо hакадош-барух-hу эла
что постановит в сердце своем требование настоящее, чтобы Творец открыл бы	שיקבע בלבו תביעה אמיתית, שה' יפתח את эт ифтах шеhашем амитит твия бэлибо шеикба
его глаза и его сердце и действительно приблизил (бы) его к слиянию с Творцом навеки.	עיניו ולבו, ויקרבו באמת לדביקות ה' בנצחיות. бэницхиют hашем ледвекут бээмет викраво вэлибо эйнав
Получается [имеется], согласно этому, что все эти отталкивания, которые были (даны) ему, было все (это)	נמצא לפי זה, שכל הדחיות שהיה לו, היה הכל hаколь hайя ло шеhайю hадхиёт шеколь зэ лефи нимца
от Творца. То есть, не по причине, что он был не в порядке,	מאת ה'. היינו, שלא מטעם שהוא לא היה בסדר, бэсэдэр hайя ло шеhу митаам шело hайну hашем мээт
- что не было у него возможности преодолеть. Но, тем людям,	שלא היה לו היכולת להתגבר. אלא, לאלו אנשים анашим леэлу эла леhитгабэр hаехолэт ло hайя шело
которые хотят действительно приблизиться к Творцу, и для того, чтобы не был	שרוצים באמת להתקרב לה', ובכדי שלא יהיה йиhье шело увихдэй леhашем леhиткарэв бээмет шероцим

ЧАСТЬ ТРЕТЬЯ

Русский	Иврит / транслитерация
удовлетворен немногим, то есть, чтобы не остался он в состоянии дитя малого,	מסתפק במועט, כלומר שלא ישאר בבחינת ילד קטן катан елед бэвхинат ишаэр шело кломар бэмуат мистапэк
без знаний. По этой причине дана ему свыше помощь,	בלי דעת. ומשום זה ניתן לו מלמעלה עזרה, эзра милемала ло нитан зэ умишум даат бли
чтобы не было у него возможности сказать, что слава Б-гу, что есть у него	שלא יהיה לו היכולת לומר, שברוך ה' שיש לו ло шейеш hашем шебарух ломар hаехолет ло йиhье шело
Тора и заповеди и дела добрые. И что не хватает ему еще?	תורה ומצות ומעשים טובים. ומה חסר לו עוד? од ло хасер ума товим умаасим умицвот тора
И это именно, если на самом деле, есть у этого человека желание настоящее.	וזה דוקא אם באמת, שיש לאדם הזה רצון אמיתי. амити рацон hазэ лаадам шейеш бээмэт им давка вэзэ
Тогда этот человек получает помощь свыше и показывают ему	אז, האדם הזה מקבל עזרה מלמעלה, ומראים לו ло умарьим милемала эзра мекабэль hазэ hаадам аз
постоянно, насколько он не в порядке в состоянии нынешнем. То есть,	תמיד, איך שהוא לא בסדר במצב הנוכחי. דהיינו дэhайну hанохэхи бамацав бэсэдэр ло шеhу эйх тамид
посылают ему мысли и мнения, которые против (духовной) работы.	ששולחים לו מחשבות ודיעות, שהם נגד העבודה. hаавода нэгэд шеhэм вэдэот махшавот ло шешолхим
И это для того, чтобы увидел, что он не полностью с Творцом.	וזהו בכדי שיראה, שאין הוא בשלימות עם ה'. hашем им бэшлемут hу шеэйн шеираъ бихдэй вэзэhу
И насколько он преодолевает (себя, настолько) он видит всегда, как он	ועד כמה שהוא מתגבר, הוא רואה תמיד, איך שהוא шеhу эйх тамид роэ hу митгабэр шеhу кама вэад
находится в состоянии, (в) котором он (более) далек от святости, чем остальные работники (Творца)	נמצא במצב שהוא רחוק מקדושה משאר עובדים, овдим мишъар микдуша рахок шеhу бэмацав нимца
которые ощущают, что они – полностью с Творцом.	שהם מרגישים, שהם בשלימות עם ה'. hашем им бэшлемут шеhэм маргишим шеhэм
При этом он – всегда есть у него жалобы и претензии,	מה שאם כן הוא תמיד יש לו טענות ותביעות, вэтвиот тэанот ло еш тамид hу кэн шеим ма
и не может объяснить поведение Творца,	ולא יכול לתרץ את ההתנהגות של הבורא, hаборэ шель hаhитнаhагут эт летарэц яхоль вэло
(то,) как Он ведет себя с ним. И это причиняет ему боль, –	איך שהוא מתנהג עמו. וזה גורם לו כאב, кээв ло горэм вэзэ имо митнаhэг шеhу эйх
почему он не в согласии с Творцом.	מדוע הוא לא שלם עם הקב"ה. hакадош-барух-hу им шалэм ло hу мадуа

אז הוא בא לידי החלטה, שאין מי שיכול לעזור, אלא הקב"ה בכבודו ובעצמו. וזה גורם, שיקבע בלבו תביעה אמיתית, שה' יפתח את עיניו ולבו, ויקרבו באמת לדביקות ה' בנצחיות.

נמצא לפי זה, שכל הדחיות שהיו לו, היה הכל מאת ה'. היינו, שלא מטעם שהוא לא היה בסדר, שלא היה לו היכולת להתגבר. אלא לאלו אנשים שרוצים באמת להתקרב לה', ובכדי שלא יהיה מסתפק במועט, כלומר שלא ישאר בבחינת ילד קטן בלי דעת, ומשום זה ניתן לו מלמעלה עזרה, שלא יהיה לו היכולת לומר, שברוך ה' שיש לו תורה ומצות ומעשים טובים. ומה חסר לו עוד?

וזה דוקא אם באמת, שיש לאדם הזה רצון אמיתי. אז, האדם הזה מקבל עזרה מלמעלה, ומראים לו תמיד, איך שהוא לא בסדר במצב הנוכחי. דהיינו, ששולחים לו מחשבות ודיעות, שהם נגד העבודה. וזהו בכדי שיראה, שאין הוא בשלימות עם ה'.

ועד כמה שהוא מתגבר, הוא רואה תמיד, איך שהוא נמצא במצב שהוא רחוק מקדושה משאר עובדים, שהם מרגישים, שהם בשלימות עם ה'. מה שאם כן הוא תמיד יש לו טענות ותביעות, ולא יכול לתרץ את ההתנהגות של הבורא, איך שהוא מתנהג עמו.

וזה גורם לו כאב, מדוע הוא לא שלם עם הקב"ה.

Пока не приходит к ощущению, что действительно нет у него никакой доли	עד שבא לידי הרגשה, שממש אין לו שום חלק х<u>э</u>лек шум ло эйн шемамаш hаргаша лидэй шеба ад
в святости. И даже если получает иногда некое пробуждение	בקדושה. והגם שמקבל לפעמים איזה התעוררות hитъорэрут эйзэ лифъамим шемэкабэль вэhагам бакдуша
свыше, которое оживляет его пока что [согласно часу], однако тут же	מלמעלה, שמחיה אותו לפי שעה, אבל תיכף т<u>э</u>хеф аваль шаа лефи ото шемэхая милемала
он падает в место (состояние) низости. Однако, (именно) это причина,	הוא נופל למקום השפלות. אולם, זהו הסיבה, hасиба з<u>э</u>hу улам hашифлут лемэком нофэль hу
которая побуждает его придти к осознанию, что только Творец может помочь	שגורם לו שיבוא לידי הכרה, שרק ה' יכול לעזור, лаазор яхоль hашем шерак hакара лийдэй шеяво ло шегорэм
(тем) ,что приблизит его (к Себе) действительно. Человек должен стараться идти всегда	שיקרב אותו באמת. האדם צריך להשתדל ללכת תמיד тамид лал<u>э</u>хет леhиштадэль цариh hаадам бээмэт ото шеекарэв
так [путем], чтобы он (был) соединен с Творцом.	בדרך, שהוא דבוק בו יתברך. итбарах бо давук шеhу бад<u>э</u>рех
То есть, чтобы все мысли его были о Нем.	כלומר, שכל מחשבותיו יהיו בו ית'. итбарах бо йиhью махшавотав шеколь кломар
То есть, если даже он находится в состоянии самом худшем,	היינו, אם אפילו שהוא נמצא במצב הכי גרוע, гару<u>а</u> hахи бамацав нимца шеhу афилу им h<u>а</u>йну
(таком,) что не может быть падения намного большего, чем это,	שאי אפשר להיות ירידה יותר גדולה מזו, мизо гдола ётэр ерида лиhиёт эфшар шеи
(да) не выйдет из-под власти Творца, то есть, (допустив) что есть власть другая,	אל יצא מרשותו ית', כלומר שיש רשות אחרת, ах<u>э</u>рэт решут шейеш кломар итбарах миршуто еце аль
которая не дает ему войти в святость, что в ее возможности [руке] делать добро	שלא נותן לו להכנס להקדושה, שבידו להטיב леhэтив шебэядо леhакдуша леhиканэс ло нотэн шело
или делать зло. Это означает, что (да) не подумает, что есть понятие,	או להרע. פירוש, שאל יחשוב שיש עניין иньян шейеш яхшов шеаль перуш леhара о
как сила эгоизма [другая сторона (арам.)], которая не дает человеку делать	כח של ס"א, שהיא לא נותנת לאדם לעשות лаасот лаадам нотэнэт ло шеhи ахра ситра шель ко<u>а</u>х
дела хорошие и идти путями Творца, -	מעשים טובים וללכת בדרכי ה', hашем бэдаркэй вэлал<u>э</u>хэт товим маасим
но все делается со стороны Творца.	אלא הכל נעשה מצד ה'. hашем мицад нааса hаколь эла
И это (то), как писал Бааль Шем Тов, который сказал,	וזהו כמ"ש הבעש"ט, שאמר, шеамар hабааль-шем-тов кмо-ше-катав вэз<u>э</u>hу
что тот, кто говорит, что есть сила другая в мире, то есть клипот,	שמי שאומר שיש כח אחר בעולם, היינו קליפות, клипот h<u>а</u>йну баолам ахэр ко<u>а</u>х шейеш шеомэр шеми
человек этот находится в состоянии «и работали вы (на) богов других».	האדם הזה נמצא בבחינת "ועבדתם אלוהים אחרים". ахэрим элоhим ваавадтэм бэвхинат нимца hазэ hаадам
Что не только в мысли неверия он	שלאו דווקא במחשבה של כפירה הוא hу кфира шель бэмахшава д<u>а</u>вка шелав
совершает [преступает] преступление, но если (даже) он думает, что есть еще власть	עובר עבירה, אלא אם הוא חושב שיש עוד רשות р<u>э</u>шут од шейеш хошев hу им эла авэра овэр
и сила кроме Творца, – он совершает преступление. И не только это [и не еще], но	וכח חוץ מה', הוא עובר עבירה. ולא עוד, אלא эла од вэло авэра овэр hу меhашем хуц вэко<u>а</u>х

ЧАСТЬ ТРЕТЬЯ

тот, кто говорит, что есть у человека власть собственная, то есть	מי שאומר שיש לאדם רשות בפני עצמו, היינו, hайну ацмо бифнэй рэшут лаадам шейеш шеомэр ми
говорит, (что) вчера он сам не хотел идти	שאומר אתמול הוא בעצמו לא היה רוצה ללכת лалехэт роцэ hайя ло бэацмо hу этмоль шеомэр
путями Творца, – и это (тоже) называется "совершает преступление неверия".	בדרכי ה', גם זה נקרא עובר עבירה של כפירה. кфира шель авера овэр никра зэ гам hашем бэдаркэй

עד שבא לידי הרגשה, שממש אין לו שום חלק בקדושה. והגם שמקבל לפעמים איזה התעוררות מלמעלה, שמחיה אותו לפי שעה, אבל תיכף הוא נופל למקום השפלות. אולם, זהו הסיבה, שגורם לו שיבוא לידי הכרה, שרק ה' יכול לעזור, שיקרב אותו באמת.

האדם צריך להשתדל ללכת תמיד בדרך, שהוא דבוק בו יתברך. כלומר, שכל מחשבותיו יהיו בו ית'. היינו, אם אפילו שהוא נמצא במצב הכי גרוע, שאי אפשר להיות ירידה יותר גדולה מזו, אל יצא מרשותו ית', כלומר שיש רשות אחרת, שלא נותן לו להכנס להקדושה, שבידו להטיב או להרע. פירוש, שאל יחשוב שיש ענין כח של ס"א, שהיא לא נותנת לאדם לעשות מעשים טובים וללכת בדרכי ה', אלא הכל נעשה מצד ה'.

וזהו כמ"ש הבעש"ט, שאמר, שמי שאומר שיש כח אחר בעולם, היינו קליפות, האדם הזה נמצא בבחינת "ועבדתם אלוהים אחרים". שלאו דוקא במחשבה של כפירה הוא עובר עבירה, אלא אם הוא חושב שיש עוד רשות וכח חוץ מה', הוא עובר עבירה. ולא עוד, אלא מי שאומר שיש לאדם רשות בפני עצמו, היינו, שאומר אתמול הוא בעצמו לא היה רוצה ללכת בדרכי ה', גם זה נקרא עובר עבירה של כפירה.

То есть, что он не верит, что только Творец это руководитель	כלומר, שאינו מאמין, שרק הבורא הוא מנהיג манhиг hу hаборэ шерак маамин шэйно кломар
мира. Однако, во время, когда совершил какое-нибудь преступление, –	העולם. אולם בזמן שעבר איזה עבירה, авэра эйзэ шеавар бэзман улам hаолам
и конечно же он должен раскаиваться и сожалеть о том, что он	ובטח שהוא צריך להתחרט ולהצטער על מה שהוא шеhу ма аль вэлеhицтаэр леhитхарэт цариx шеhу увэтах
сделал это преступление, – также здесь мы должны установить порядок	עשה את העברה, גם כאן צריכים לסדר את סדרי сидрэй эт лесадэр цриxим кан гам hаавэра эт аса
этого сожаления и этой боли: какому фактору [на какую точку] он приписывает [вешает] причину	הצער והכאב, על איזה נקודה הוא תולה סיבת сибат толэ hу нэкуда эйзэ аль вэhакээв hацаар
этого преступления, что (именно) о факторе этом необходимо сожалеть.	גורם העבירה, שעל נקודה זו צריכים להצטער. леhицтаэр цриxим зо нэкуда шеаль hаавэра горэм
И человек должен сожалеть тогда и скажет (он): то, что я сделал	והאדם צריך להצטער אז, ויאמר, זה שעשיתי шеасити зэ вэёмар аз леhицтаэр цариx вэhаадам
это преступление, – это по причине, что Творец отбросил	את העבירה, הוא מסיבת שהקב"ה זרק зарак шеhакадош-баруx-hу мисибат hу hаавэра эт
меня от святости в место нечистот, в отхожее место,	אותי מהקדושה, למקום טינופת, לבית הכסא, hакисэ лебэт тинофэт лемэком мэhакдуша оти
что там место отбросов. То есть, что Творец дал ему желание	ששם מקום הפסולת. כלומר, שה' נתן לו רצון рацон ло натан шеhашем кломар hапсолет маком шешам
и охоту развлечься и подышать воздухом места зловонного.	וחשק להשתעשע ולנשום אויר במקום סרחון сирахон бэмэком авир вэлиншом леhиштаашеа вэхэшек

(И можно сказать, что приведено в книгах, что иногда человек	ואפשר לומר, שמובא בספרים, שלפעמים האדם hаадам шелифъамим басфарим шемува ломар вээфшар
приходит в воплощении свиньи. И нужно объяснить так [путем], как там сказано [что он говорит]	בא בגלגול חזיר. ויש לפרש על דרך שהוא אומר, омэр шеhу дэрэх аль лефарэш вэйеш хазир бэгильгуль ба
что человек получает желание и охоту получать жизненную силы от (таких) вещей,	שהאדם מקבל רצון וחשק לקבל חיות מדברים мидварим хают лекабэль вэхэшек рацон мекабэль шеhаадам
что уже говорил о них, что это отходы, —	שכבר אמר עליהם שהוא פסולת, псолэт шеhу алэйhэм амар шеквар
а теперь он пожелал получить от них подпитку).	ועכשיו הוא רצה לקבל מהם מזונות). мезонот миhэм лекабэль раца hу вэахшав
А также во время, когда человек ощущает, что теперь он	וכמו כן, בזמן שהאדם מרגיש שעכשיו הוא hу шеахшав маргиш шеhаадам бэзман хэн вэкмо
находится в состоянии подъема, и ощущает немного вкуса в работе,	נמצא בבחינת עליה, ומרגיש קצת טעם בעבודה, баавода таам кцат умаргиш алия бивхинат нимца
(да) не скажет, что "сейчас я нахожусь в (таком) состоянии, что я понимаю,	אל יאמר שעכשיו, אני נמצא במצב, שאני מבין, мэвин шеани бэмацав нимца ани шеахшав ёмар аль
что стоит быть работником Творца". Но он должен знать,	שכדאי להיות עובד ה'. אלא הוא צריך לדעת, ладаат царих hу эла hашем овэд лиhиёт шекедай
что сейчас он нашел милость в глазах Творца. Поэтому	שעכשיו הוא מצא חן בעיני ה'. לכן лахэн hашем бээйнэй хэн маца hу шеахшав
Творец приближает его и от этого он ощущает теперь	הקב"ה מקרבו, ומשום זה הוא מרגיש עכשיו, ахшав маргиш hу зэ умишум мэкарво hакадош-барух-hу
вкус в работе. И (пусть) остерегается, чтобы ни разу не выйти	טעם בעבודה. ויזהר שאף פעם לא לצאת лацэт ло паам шеаф вэизаhэр баавода таам
из-под власти святости, говоря, что есть еще кто-то, который действует	מרשות הקדושה, לומר שיש עוד מי שפועל, шепоэль ми од шейеш ломар hакдуша мирэшут
помимо Творца.	חוץ מהקב"ה. мэ-hакадош-барух-hу хуц
Однако, отсюда следует [смысл], что дело "нахождения милости" в глазах Творца	(אולם מכאן משמע, שענין מציאת חן בעיני ה' hашем бээйнэй хэн мециат шеиньян машма микан улам
или наоборот, — не зависит от человека самого, но все в Творце.	או להיפך, אינו תלוי באדם עצמו אלא הכל בה'. бэhашем hаколь эла ацмо баадам талуй эйно леhэфэх о

כלומר, שאינו מאמין, שרק הבורא הוא מנהיג העולם.

אולם בזמן שעבר איזה עבירה, ובטח שהוא צריך להתחרט ולהצטער על מה שהוא עשה את העברה, גם כאן צריכים לסדר את סדרי הצער והכאב, על איזה נקודה הוא תולה סיבת גורם העבירה, שעל נקודה זו צריכים להצטער.

והאדם צריך להצטער אז, ויאמר, זה שעשיתי את העבירה, הוא מסיבת שהקב"ה זרק אותי מהקדושה, למקום טינופת, לבית הכסא, ששם מקום הפסולת. כלומר, שה' נתן לו רצון וחשק להשתעשע ולנשום אויר במקום סרחון.

(ואפשר לומר, שמובא בספרים, שלפעמים האדם בא בגלגול חזיר. ויש לפרש על דרך שהוא אומר, שהאדם מקבל רצון וחשק לקבל חיות מדברים שכבר אמר עליהם שהוא פסולת, ועכשיו הוא רצה לקבל מהם מזונות).

ЧАСТЬ ТРЕТЬЯ

וכמו כן, בזמן שהאדם מרגיש שעכשיו הוא נמצא בבחינת עליה, ומרגיש קצת טעם בעבודה, אל יאמר, שעכשיו אני נמצא במצב, שאני מבין, שכדאי להיות עובד ה'. אלא הוא צריך לדעת, שעכשיו הוא מצא חן בעיני ה'. לכן הקב"ה מקרבו ומשום זה הוא מרגיש עכשיו טעם בעבודה. ויזהר, שאף פעם לא לצאת מרשות הקדושה, לומר, שיש עוד מי שפועל חוץ מהקב"ה.

(אולם מכאן משמע, שענין מציאת חן בעיני ה' או להיפך, אינו תלוי באדם עצמו, אלא הכל בה'.

И почему сейчас нашел милость в глазах Творца, а после – нет,	ומדוע עכשיו מצא חן בעיני ה' ואח"כ אינו כן, умадуа ахшав маца хэн бээйнэй hашем вэ-ахар-ках эйно кэн,
это не власти человека понять с разумом внешним его.	אין זה בידי האדם להבין עם השכל החיצוני שלו). эйн зэ бидэй hаадам леhавин им hасэхель hахицони шело
А также во время, когда сожалеет о том, что не	וכמו כן, בזמן שמצטער על מה שאין вэкмо хэн бизман шемицтаэр аль ма шеэйн
приближает Творец его, должен также остерегаться	הקב"ה מקרבו, צריך גם כן להזהר, hакадош-барух-hу мекарво цариx гам кэн леhизаhэр,
чтобы не было это на свой счет, то есть от того, что он	שלא יהיה על חשבון עצמו, היינו מזה שהוא шело иhийе аль хэшбон ацмо hайну мизэ шеhу
отдален от Творца. Ибо в этом он сделается получающим	מרוחק מה', כי בזה הוא נעשה למקבל мэрухак ма, ки базэ hу наасa ламэкабэль
для своей выгоды, а получающий он в разобщении (с Творцом). Но	לתועלת עצמו. והמקבל הוא בפרודא, אלא летоэлет ацмо вэhамэкабэль hу бэфэруда, эла
пусть сожалеет об изгнании шхины. То есть, что он причиняет	שיצטער על גלות השכינה. כלומר, שהוא גורם шеицтаэр аль галут hашхина кломар, шеhу горэм
страдания шхине. И человек должен представлять [рисовать] себе, как например,	צער השכינה. והאדם צריך לצייר לעצמו כדוגמת цаар hашхина вэhаадам цариx лецайер леацмо кедугмат
что есть у человека боль в каком-нибудь органе маленьком ("какой-нибудь"=איזה+שהוא).	שיש לאדם כאב באיזה אבר קטן שהוא, шейеш лаадам кэав бээйзэ эвар катан шеhу,
И все-таки [с любого места] боль ощущается в основном в мозге и сердце,	מכל מקום הכאב מורגש בעיקר במוח ולב, миколь маком hакэев мургаш бэикар бамоах вэлев,
(потому) что сердце и мозг – они суть [совокупность] человека. И конечно, нет степени	שהלב והמוח הם כללות האדם. ובטח שאין ערך шеhалев вэhамоах hэм клалут hаадам увэтах шейэн эрэх
подобия в ощущении органа отдельного [частного] – (и) в ценности совокупной важности [высоты] человека,	דמיון הרגשת אבר פרטי, בערך כללות קומת האדם, димъён hаргашат эвар прати, бээрэх клалут комат hаадам,
– ведь там ощущается, главным образом, боль. Так же и боль,	ששם מורגש בעיקר הכאב. כמו כן הכאב шешам мургаш бэикар hакэев. кмо кэн hакэев
которую человек ощущает от того, что он отдален от Творца.	שהאדם מרגיש, מזה שהוא מרוחק מה'. шеhаадам маргиш, мизэ шеhу мэрухак меhашем
И так как человек – он только орган отдельный из шхины	והיות שהאדם הוא רק אבר פרטי מהשכינה вэhеёт шеhаадам hу рак эвар прати меhашхина
святой, потому что шхина святая – она общность	הקדושה, כי השכינה הקדושה, היא כללות hакдуша, ки hашхина hакдуша, hи клалут

душ Израиля, и поэтому не подобно ощущение боли	נשמת ישראל, ולכן אינו דומה הרגשת הכאב hакээв hаргашат дома эйно вэлахэн исраэль нишмат	
отдельной [личной] величине ощущения боли в общем. Это говорит (о том),	הפרטי, בערך הרגשת הכאב הכללי, זאת אומרת омэрэт зот hаклали hакээв hаргашат бээрэх hапрати	
что есть страдания шхины в том, что (её) органы отдалены от неё,	שיש צער השכינה, בזה שהאברים מורחקים ממנה, мимэна мурхаким шеhаэварим базэ hашхина цаар шейеш	
и она не может дать питание органам своим.	ואינה יכולה לפרנס את האברים שלה. шела hаэварим эт лефарнэс ехола вээйна	
(И надо сказать, что это высказывание каббалистов: "Во время, когда человек	(ויש לומר שזהו מאמר חז"ל, בזמן שאדם шеадам бэзман хазаль маамар шезэу ломар вэйеш)	
страдает шхина что говорит: позор на мою голову")	מצטער שכינה מה אומרת, קלני מראשי, (мероши калани омэрэт ма шхина мицтаэр	
И тем, что думает (при) страдании отдаления не о себе,	ובזה שחושב הצער של התרחקות לא על עצמו, ацмо аль ло hитрахакут шель hацаар шехошев увазэ	
— он спасен от падения в сеть желания получать для себя,	הוא ניצול מלנפול לרשת הרצון לקבל לעצמו, леацмо лекабэль hарацон лерэшет милинполь ницоль hу	
что это свойство отдаления от святости.	שהוא בחינת פירוד מהקדושה. меhакдуша пэруд бхинат шеhу	

ומדוע עכשיו מצא חן בעיני ה' ואח"כ אינו כן, אין זה בידי האדם להבין עם השכל החיצוני שלו).

וכמו כן, בזמן שמצטער על מה שאין הקב"ה מקרבו, צריך גם כן להזהר, שלא יהיה על חשבון עצמו, היינו מזה שהוא מרוחק מה', כי בזה הוא נעשה למקבל לתועלת עצמו. והמקבל הוא בפרודא. אלא, שיצטער על גלות השכינה. כלומר, שהוא גורם צער השכינה.

והאדם צריך לצייר לעצמו, כדוגמת שיש לאדם כאב באיזה אבר קטן שהוא, מכל מקום הכאב מורגש בעיקר במוח ולב, שהלב והמוח הם כללות האדם. ובטח שאין ערך דמיון הרגשת אבר פרטי, בערך כללות קומת האדם, ששם מורגש בעיקר הכאב.

כמו כן הכאב שהאדם מרגיש מזה שהוא מרוחק מה'. והיות שהאדם הוא רק אבר פרטי מהשכינה הקדושה, כי השכינה הקדושה היא כללות נשמת ישראל. ולכן, אינו דומה הרגשת הכאב הפרטי בערך הרגשת הכאב הכללי. זאת אומרת, שיש צער השכינה בזה שהאברים מורחקים ממנה, ואינה יכולה לפרנס את האברים שלה.

(ויש לומר שזהו מאמר חז"ל, בזמן שאדם מצטער, שכינה מה אומרת, קלני מראשי). ובזה שחושב הצער של התרחקות לא על עצמו, הוא ניצול מלנפול לרשת הרצון לקבל לעצמו, שהוא בחינת פירוד מהקדושה.

ЧАСТЬ ЧЕТВЕРТАЯ

Отрывки из глав книги "Зоар для всех"

- **Из главы Ваишлах**

257) Так как занимаюсь я Торой с полночи	רנז) כי עוסק אני בתורה מחצות לילה лайла мехацот батора ани осэк ки рейш-нун-заин
и когда пришло утро, до сих пор еще не было время молитвы	וכשהגיע הבוקר, עד עתה עוד לא היה זמן תפלה тфила зман hайя ло од ата ад hабокэр вэкшеhигиа
потому что в час тот, когда мрачность утра существует,	משום שבשעה ההיא שקדרות הבוקר נמצאת, нимцэт hабокэр шекадрут hahи шебэшаа мишум
жена разговаривает с мужем ее, и они в единстве как один	האשה מספרת עם בעלה, והם בהיחוד כאחד кээхад бэhаихуд вэhэм баала им мэсапэрэт hаиша
и она должна идти в "жилище"(Храм)	והיא צריכה ללכת למשכן ламишкан лалэхэт цриха вэhи
среди ее девушек, сидящих с нею там.	בין נערותיה היושבות עמה שם. шам има hайошвот нааротэйя бэйн
И поэтому человек не должен (эйн+царих) прекращать слова,	ולפיכך אין אדם צריך להפסיק הדברים, hадварим леhафсик царих адам эйн улефихах
что соединяются с их помощью [на их руках] как один	שמתחברים על ידיהם כאחד кээхад ядэйhэм аль шемитхабрим
и ввести слово иное между ними.	ולהכניס דבר אחר ביניהם. бэйнэйhэм ахэр давар вэлеhахнис
258) И теперь, когда засветило солнце, пришло время молитвы – молиться,	רנח) ועתה שהאיר השמש הגיע זמן תפלה להתפלל леhитпалель тфила зман hигиа hашэмэш шеhэир вэата
как сказано: убоятся Тебя с солнцем. Что такое – с солнцем?	שכתוב, ייראוך עם שמש. מהו עם שמש? шэмэш им маhу шэмэш им йерауха шекатув
Сохранить с нами свет солнца,	לשמור עמנו אור השמש, hашэмэш ор иману лишмор
чтобы светить на нее, на нукву, называе- мую "боязнь".	כדי להאיר אליה לנוקבא, הנקראת יראה. иръа hаникрэт лануква элэйя леhаир кэдэй

רנז) כי עוסק אני בתורה מחצות לילה, וכשהגיע הבוקר, עד עתה עוד לא היה זמן תפלה, משום שבשעה ההיא שקדרות הבוקר נמצאת, האשה מספרת עם בעלה, והם בהיחוד כאחד, והיא צריכה ללכת למשכן בין נערותיה היושבות עמה שם. ולפיכך אין אדם צריך להפסיק הדברים, שמתחברים על ידיהם כאחד, ולהכניס דבר אחר ביניהם. רנח) ועתה שהאיר השמש הגיע זמן תפלה להתפלל, שכתוב, ייראוך עם שמש. מהו עם שמש? לשמור עמנו אור השמש, כדי להאיר אליה לנוקבא, הנקראת יראה.

- **Из главы Вайёшев**

Вот, поймет работник Мой	הנה ישכיל עבדי авди яскиль hинэ
42) Счастливая доля (у) праведников,	מב) אשרי חלקם של הצדיקים, hацадиким шель хэлкам ашрэй мэм-бэт
что Творец раскрыл им пути Торы, идти ими.	שהקב"ה גילה להם דרכי התורה ללכת בהם. баhэм лалэхэт hатора даркэй лаhэм гила шеhакадош-барух-hу

КАББАЛИСТИЧЕСКИЙ ИВРИТ

Когда сотворил Творец мир, ЗО"Н, сделал луну,	כשברא הקב"ה את העולם, את זו"ן עשה את הלבנה, hалевана эт аса зон эт hаолам эт hакадош-барух-hу кшебара	
(так), что сотворил нукву высотой равной с З"А (Зеир Анпином),	שהאציל את הנוקבא בקומה שוה עם ז"א, зэир-анпин им шава бэкома hануква эт шеhээциль	
и затем уменьшил света ее, так, что нет у нее от себя (своего) ничего,	ואח"כ מיעט אורותיה, באופן שאין לה מעצמה כלום, клум мэацма ла шеэйн бэофен оротэйа миэт вэахар-ках	
только (то,) что получает от З"А.	רק מה שמקבלת מז"א. миз_э_ир-анпин шемэкаб_э_лет ма рак	
И оттого, что уменьшила себя, она светит (светом, идущим) от солнца,	ומשום שמיעטה את עצמה, היא מאירה מן השמש, hашэмэш мин мэира hи ацма эт шемиэта умишум	
которое – З"А, силой светов высших, что в нем.	שהוא ז"א, בכח אורות עליונים שבו. шебо эльёним орот бэко_а_х зэир-анпин шеhу	
43) И во время, когда Храм существовал [был существующим]	מג) ובזמן שבית המקדש היה קיים, кайям hайа hамикдаш шебэйт убизман мэм-гимэль	
исраэль старались в жертвоприношениях и всесожжениях, и работах,	היו ישראל משתדלים בקרבנות ועולות ועבודות, вэаводот вэолот бэкорбанот миштадлим исраэль hайу	
(так,) что работали священники (коhэны, работники Храма), левиты и исраэль (народ, присутствовавший в Храме)	שהיו עובדים הכהנים הלוים והישראלים, вэhэисраэлим hалевиим hакоhаним овдим шеhайу	
чтобы объединить единых, и светить (зажечь) света в нукве.	כדי ליחד יחודים, ולהאיר האורות בנוקבא. бануква hаорот улеhаир йехудим леяхэд кэдэй	
44) И после (того,) как был разрушен Храм, померк свет,	מד) ולאחר שנחרב בית המקדש, נחשך האור, hаор нэхшах hамикдаш бэйт шенэхрав улеахар мэм-далет	
и луна, нуква, не светит от солнца, З"А,	והלבנה, הנוקבא, אינה מאירה מן השמש, ז"א, зэир-анпин hашэмэш мин мэира эйна hануква вэhалевана	
и солнце удалилось от нее и не светит.	והשמש נסתלק ממנה ואינו מאיר. мэир вээйно мим_э_на нисталэк вэhашэмэш	
И нет тебе дня, что не властвуют в нем проклятия и горе и боли.	אין לך יום שאינו שולט בו קללות וצער ומכאובים. вэмахъовим вэца_а_р клалот бо шолэт шеэйно йом леха вээйн

וישב

הנה ישכיל עבדי

מב) אשרי חלקם של הצדיקים, שהקב"ה גילה להם דרכי התורה ללכת בהם. כשברא הקב"ה את העולם, את זו"ן עשה את הלבנה, שהאציל את הנוקבא בקומה שוה עם ז"א, ואח"כ מיעט אורותיה, באופן שאין לה מעצמה כלום, רק מה שמקבלת מז"א. ומשום שמיעטה את עצמה, היא מאירה מן השמש, שהוא ז"א, בכח אורות עליונים שבו.

מג) ובזמן שבית המקדש היה קיים, היו ישראל משתדלים בקרבנות ועולות ועבודות, שהיו עובדים הכהנים הלוים והישראלים, כדי ליחד יחודים, ולהאיר האורות בנוקבא.

מד) ולאחר שנחרב בית המקדש, נחשך האור, והלבנה, הנוקבא, אינה מאירה מן השמש, ז"א, והשמש נסתלק ממנה ואינו מאיר. ואין לך יום שאינו שולט בו קללות וצער ומכאובים.

ЧАСТЬ ЧЕТВЕРТАЯ

- **Из главы Вайешев**

(глава) Вот, поймет работник Мой	הנה ישכיל עבדי авди яскиль hинэ
60) И была девушка, которая .... Что каждая душа	ס) והיה הנערה אשר. שכל נשמה нэшама шеколь ашэр hанэара вэhайя самэх
из душ, что в мире, которые существовали в мире этом,	מנשמות שבעולם, שנתקיימו בעולם הזה, hазэ баолам шениткайму шебэолам минэшамот
и старались знать Творца [владыку] их мудростью высшей,	והשתדלו לדעת את רבונם בחכמה העליונה, hаэльёна бэхохма рибонам эт ладаат вэиштадлу
она поднимается и существует на ступени высшей	היא עולה ומתקיימת במדרגה עליונה эльёна бэмадрэга умиткайемэт ола hи
выше всех этих душ, которые не постигли и не знали.	למעלה מכל אלו הנשמות, שלא השיגו ולא ידעו. ядъу вэло hесигу шело hанэшамот элу миколь лемала
И они встают раньше (всех) к возрождению.	והן עומדים תחילה לתחיה. литхия тхила омдим вэhэн
И это вопрос, который тот раб готовится [стоит] спросить и знать:	וזו השאלה, שאותו העבד עומד לשאול ולדעת, вэладаат лишъоль омэд hаэвэд шеото hашеэла вэзо
чем занималась душа та в мире этом?	במה עסקה הנשמה ההיא בעולם הזה? hазэ баолам hahи hанэшама аска бэма
Чтобы выяснить, достойна ли она (אם = ли) возрождения раньше (других).	כדי לברר אם היא ראויה לתחיה תחלה. тхила летхия рэуйя hи им леварэр кэдэй
61) И сказала мне: "Также (и) ты пей.	סא) ואמרה אלי גם אתה שתה. штэ ата гам элай вэамра самэх-алеф
Ты должен пить и быть напоенным вначале (первым).	אתה צריך לשתות ולהיות נשקה מתחילה. митхила нишкэ вэлиhиот лиштот царих ата
А после тебя также и верблюдов твоих напою. Потому что все эти	ואחריך, וגם לגמליך אשקה, משום שכל אלו элу шеколь мишум эшкэ лигмалэйха вэгам вэахарэйха
остальные системы, несмотря на то, что напоены (бывают) с этой ступени,	שאר המרכבות, אע"פ שנשקים ממדרגה זו, зу мимадрэга шенишким аф-аль-пи hамэркавот шъар
все напоены (становятся) в основном от работы праведников,	כולן נשקים בעיקר מעבודת הצדיקים, hацадиким мэаводат бэикар нишким кулан
знающих работу Творца их как положено.	היודעים עבודת רבונם כראוי. карауй рибонам аводат hайодъим

וישב

הנה ישכיל עבדי

ס) והיה הנערה אשר. שכל נשמה מנשמות שבעולם, שנתקיימו בעולם הזה, והשתדלו לדעת את רבונם בחכמה העליונה, היא עולה ומתקיימת במדרגה עליונה למעלה מכל אלו הנשמות, שלא השיגו ולא ידעו. והן עומדים תחילה לתחיה. וזו השאלה, שאותו העבד עומד לשאול ולדעת, במה עסקה הנשמה ההיא בעולם הזה? כדי לברר אם היא ראויה לתחיה תחלה.

סא) ואמרה אלי גם אתה שתה. אתה צריך לשתות ולהיות נשקה מתחילה. ואחריך, וגם לגמליך אשקה, משום שכל אלו שאר המרכבות, אע"פ שנשקים ממדרגה זו, כולן נשקים בעיקר מעבודת הצדיקים, היודעים עבודת רבונם כראוי.

Из главы Вайешев

(глава) Вот, поймет работник Мой	הנה ישכיל עבדי авди яскиль hинэ
67) Праведник пропал, – утратил благословения, так как благословения	סז) הצדיק אבד, אבד את הברכות, כי ברכות брахот ки hабрахот эт ибэд авад hацадик самэх-заин
не пребывают (нигде,) кроме (как) в месте, где находятся мужская и женская (части) вместе.	אינן שורות אלא במקום שנמצאים זכר ונוקבא יחד. яхад вэнуква захар шенимцаим бэмаком эла шорот эйнан
68) Поэтому в то время когда не находится с ней мужская (часть),	סח) משום זה באותו זמן שאינו נמצא עמה זכר, захар има нимца шэйно зман бэото зэ мишум самэх-хэт
тогда все души, выходящие из нее,	אז כל הנשמות היוצאות ממנה, мимэна hайоцъот hанэшамот коль аз
- есть у них изменение по сравнению с тем [от того], как были во время, когда солнце, З"А,	יש להם שינוי ממה שהיו בזמן שהשמש, ז"א, зэир-анпин шеhашэмеш бизман шеhайю мима шинуй лаhэм йеш
соединился с луной, нуквой.	נתחבר עם הלבנה, הנוקבא. hануква hалевана им нитхабэр
Ибо так, как З"ОН изменились во время изгнания по сравнению с тем [от того], что были,	כי כמו שזו"ן נשתנו בזמן הגלות ממה שהיו, шеhайю мима hагалут бизман ништану шезон кмо ки
так (и) порождения их, что это – души, изменяются тогда по сравнению с тем [от того], какими были.	כן תולדותיהם, שהם הנשמות, משתנים אז ממה שהיו. шеhайю мима аз миштаним hанэшамот шеhэм толдотэйhэм кэн
И об этом сказано: "Вот порождения Яакова: Иосиф..."	ועל זה נאמר, אלה תולדות יעקוב יוסף. йосэф яаков толдот элэ нээмар зэ вэаль
И учили мы (пункт 21), после (того), что поселился Иосиф в Яакове,	ולמדנו (אות כ"א), אחר שנתישב יוסף ביעקב бэяаков йосэф шенитъяшев ахар каф-алэф от вэламадну
и солнце слилось с луной. И поэтому открыл тогда	והשמש נזדווג בלבנה. וע"כ גילה אז аз гила вэаль-кэн бэлевана низдавэг вэhашэмеш
высоту (тех) душ, и в изгнании – изменяются.	מעלתם של הנשמות, ובגלות משתנות. миштанот увэгалут hанэшамот шель маалатам
69) И он – юноша... . От того, что их слияние не расторгается вовеки,	סט) והוא נער. משום שזיווגם אינו נפרד לעולם, леолам нифрад эйно шезивугам мишум hаар вэhу самэх-тэт
праведник, – есод, и праведность, – нуква, – вместе.	צדיק, יסוד, וצדק, נוקבא, ביחד. бэяхад нуква вэцэдэк есод цадик
Ибо двенадцать колен, они – части шхины.	כי י"ב השבטים הם, חלקי השכינה. hашхина хэлкэй hэм hашватим юд-бэт ки

וישב
הנה ישכיל עבדי
סז) הצדיק אבד, אבד את הברכות, כי ברכות אינן שורות אלא במקום שנמצאים זכר ונוקבא יחד.
סח) משום זה באותו זמן שאינו נמצא עמה זכר, אז כל הנשמות היוצאות ממנה, יש להם שינוי ממה שהיו בזמן שהשמש, ז"א, נתחבר עם הלבנה, הנוקבא. כי כמו שזו"ן נשתנו בזמן הגלות ממה שהיו, כן תולדותיהם, שהם הנשמות, משתנים אז ממה שהיו. ועל זה נאמר, אלה תולדות יעקב יוסף. ולמדנו (אות כ"א), אחר שנתישב יוסף ביעקב והשמש נזדווג בלבנה. וע"כ גילה אז מעלתם של הנשמות, ובגלות משתנות.
סט) והוא נער. משום שזיווגם אינו נפרד לעולם, צדיק, יסוד, וצדק, נוקבא, ביחד. כי י"ב השבטים הם, חלקי השכינה.

ЧАСТЬ ЧЕТВЕРТАЯ

- **Из главы Шмини**

Русский перевод	Иврит / Транслитерация
И было, в день восьмой	ויהי ביום השמיני hашмини бэйом вайеhи
27) Счастливы они, коhены (работники Храма), которые коронуются венцом	כז) אשרי הם הכהנים שמתעטרים בעטרותיו бэатротав шемитатрим hакоhаним hэм ашрэй каф-заин
царя святого, зеир анпина, а короны его, они – света бины.	של המלך הקדוש, ז"א, ועטרותיו הן אורות של בינה. бина шель орот hэн вэатротав зеир-анпин hакадош hамэлэх шель
И помазаны маслом помазания святым, (так,) что этим пробуждается	ומשוחים בשמן המשחה הקדוש, שעי"ז מתעורר митъорэр шеаль-ядэй-зэ hакадош hамишха башемен умшухим
масло высшее, что оно – свет [изобилие] хохмы, который в бине, орошающий	שמן העליון, שהיא שפע החכמה אשר בבינה, המשקה hамашкэ бэбина ашер hахохма шефа шеhи hаэльон шемен
все семь сфирот хагат нэhим (хэсэд-гвура-тифъэрэт, нэцах-hод-есод-малхут), которые помазаны	לכל שבע הספירות חג"ת נהי"מ, שנמשחות шенимшахот нэhим хагат hасфирот шева лехоль
от того помазания святого, что в бине. И все эти девять свечей,	מאותו משחת קודש שבבינה. וכל אלו שבעת הנרות, hанэрот шивъат элу вэхоль шебэбина кодэш мишхат миото
которые – семь сфирот, зажигаются от нее, а помазание святое, бина, – она совокупность	ז"ס, נדלקים ממנה, ומשחת קדש, בינה, היא כלל клаль hи бина кодэш умишхат мимэна нидлаким заин-сфирот шеhэм
всех семерых. И поэтому сказано о них: семь дней наполнит.	של כל השבעה. וע"כ נאמר עליהם, שבעת ימים ימלא. ималэ ямим шивъат алэйhэм нээмар вэаль-кэн hашивъа коль шель
Семь дней, семь сфирот, включенных в бину, они наполнят руки ваши	שבעת ימים, ז"ס הכלולות בבינה, הם ימלאו את ידכם ядхэм эт ималъу hэм бэбина hаклулот заин-сфирот ямим шивъат
маслом помазания. Тем, что дадут свет [повлияют] семи сфирот зеир анпин,	משמן המשחה. ע"י שישפיעו בז"ס דז"א, дэзэир-анпин бэзаин-сфирот шеяшпиу аль-ядэй hамишха мишемэн
и все семь сфирот зеир анпина включены в бину.	וכל ז"ס דז"א נכללים בבינה. бэбина нихлалим дэзэир-анпин заин-сфирот вэхоль
28) Они (эти сфирот) – только шесть дней, хагат нэhи, включенных в бину,	כח) הם, רק ששה ימים, חג"ת נה"י, כלולים בבינה, бэбина клулим нэhи хагат ямим шиша рак hэм каф-хэт
а бина – совокупность всех, и поэтому определяется как день отдельный [внутри себя]. И поэтому	ובינה כלל כולם, וע"כ נבחנת ליום בפני עצמה. ומשום זה зэ умишум ацма бифнэй лэйом нивхэнэт вэаль-кэн кулам клаль убина
написано: семь дней наполнит, которые – хагат нэhи зеир анпина	כתוב, שבעת ימים ימלא, שהם חג"ת נה"י דז"א дэзэир-анпин нэhи хагат шеhэм ималэ ямим шивъат катув
с биной, потому что хагат нэhи зеир анпина зависят от бины,	עם הבינה, מפני שחג"ת נה"י תלוים בבינה, бэбина тлуим дэзэир-анпин нэhи шехагат мипнэй hабина им
поэтому она принадлежит к ним (т.е. к общности). И поэтому [об этом] называется кнесет исраэль,	ע"כ היא נמנית עמהם. ועל זה נקראת כנסת ישראל, исраэль кнэсэт никрэт зэ вэаль имаhэм нимнит hи аль-кэн
(то есть) малхут, – Бат Шева [дочь семи] потому что состоит из шести сфирот других (т.е. зеир анпина)	המלכות, בת שבע, משום שכלולה משש ספירות אחרות. ахэрот сфирот мишеш шеклула мишум шева бат hамалхут

וישב
ויהי ביום השמיני
כז) אשרי הם הכהנים שמתעטרים בעטרותיו של המלך הקדוש, ז"א, ועטרותיו הן אורות של בינה. ומשוחים בשמן המשחה הקדוש, שעי"ז מתעורר שמן העליון, שהיא שפע החכמה אשר בבינה, המשקה לכל שבע הספירות חג"ת נהי"מ, שנמשחות מאותו משחת קודש שבבינה. וכל אלו שבעת הנרות, שהם ז"ס, נדלקים ממנה, ומשחת קדש, בינה, היא

כלל של כל השבעה. וע"כ נאמר עליהם, שבעת ימים ימלא. שבעת ימים, ז"ס הכלולות בבינה, הם ימלאו את ידכם משמן המשחה. ע"י שישפיעו בז"ס דז"א, וכל ז"ס דז"א נכללים בבינה.

כח) הם, רק ששה ימים, חג"ת נה"י, כלולים בבינה, ובינה כלל כולם, וע"כ נבחנת ליום בפני עצמה. ומשום זה כתוב, שבעת ימים ימלא, שהם חג"ת נה"י דז"א עם הבינה, מפני שחג"ת נה"י דז"א תלויים בבינה, ע"כ היא נמנית עמהם. ועל זה נקראת כנסת ישראל, המלכות, בת שבע, משום שכלולה משש ספירות אחרות.

- **Из главы Шмини**

И было в день восьмой	ויהי ביום השמיני hашмини байом вайеhи
44) Ибо когда творил мир, взял Ицхака и сотворил мир	מד) כי כשברא העולם, לקח את יצחק וברא את העולם, hаолам эт увара ицхак эт лаках hаолам кшебара ки мэм-далет
(потому) что сотворил мир свойством "дин" (суд). Увидел, что дин не может устоять	שברא העולם במדת הדין. ראה שאין הדין יכול לעמוד лаамод яхоль hадин шеэйн раа hадин бэмидат hаолам шебара
в одиночку [только он], взял Авраама, хэсэд, и утвердил им мир.	בלבדו, לקח אברהם, חסד, וקיים עמו את העולם, hаолам эт имо вэкием хэсэд абраhам лаках бильвадо
Это (то) что написано: "Эти порождения неба и земли при сотворении их...", не читай	זה שכתוב, אלה תולדות השמים והארץ בהבראם, אל תקרא тикра аль бэhибарьам вэhаарэц hашамаим толдот эле шекатув зэ
"при сотворении", но – "Авраамом". Увидел, что нужно более (устойчивое) существование, взял	בהבראם, אלא באברהם. ראה שצריכים יותר קיום, לקח лаках киюм йотер шецрихим раа бэавраhам эла бэhибарьам
Яакова, свойство рахамим, и соединил с Ицхаком, судом, и утвердил мир.	את יעקב, מדת הרחמים, ושתף עם יצחק, דין, וקיים העולם. hаолам вэкием дин ицхак им вэшитэф hарахамим мидат яаков эт
Как написано: "В день создания Творцом [hавайа элоким] земли и неба...",	כמ"ש, ביום עשות הויה אלקים ארץ ושמים, вэшамаим эрэц элоким hавайа асот бэйом кмо-шекатув
(где) "hавайа" это свойство рахамим, а "элоким" это свойство дин.	שהויה הוא מדת הרחמים, ואלקים הוא מדת הדין. hадин мидат hу вээлоким hарахамим мидат hу шеhавайа
И потому Авраамом и Яаковом осуществляется мир. И поэтому написано:	וע"כ באברהם ויעקב נתקיים העולם. ומשום זה כתוב, катув зэ умишум hаолам ниткаем вэяаков бэавраhам вэаль-кэн
"Ибо издавна они". 45) После (того,) как усовершенствовался Аарон этими семью днями,	כי מעולם המה. מה) אחר שנשלם אהרן באלו שבעת הימים, hаямим шивъат бээлу аhарон шенишлам ахар мэм-hэй hэма мэолам ки
которые: бина, хагат, неhи, и был увенчан ими, тогда день восьмой,	שהם בינה חג"ת נה"י, ונתעטר בהם, אז יום השמיני, hашмини йом аз баhэм вэнитъатэр нэhи хагат бина шеhэм
малхут, должен усовершенствоваться от семи наполнений, посредством коhена.	מלכות, צריך להשתלם מן ז' דמילואים ע"י הכהן. hакоhэн аль-ядэй дэмилуим заин мин лэhишталэм царих малхут
И потому работа – она (начинается) с восьмого, для того, чтобы короноваться семью,	וע"כ העבודה היא משמיני, כדי להתעטר מז', мизаин лэhитъатэр кэдэй мешмини hи hаавода вэаль-кэн
которые: бина, хагат, неhи, и чтобы исправился коhен от преступления (, – создания) тельца	שהם בינה חג"ת ונה"י, ושיתתקן הכהן על עון העגל, hаэгель авон аль hакоhэн вэшеиттакэн вэнэhи хагат бина шеhэм
которым согрешил сначала.	**שחטא מתחילה.** митхила шехата

ЧАСТЬ ЧЕТВЕРТАЯ

ויהי ביום השמיני

מד) כי כשברא העולם, לקח את יצחק וברא את העולם, שברא העולם במדת הדין. ראה שאין הדין יכול לעמוד בלבדו, לקח אברהם, חסד, וקיים עמו את העולם, זה שכתוב, אלה תולדות השמים והארץ בהבראם, אל תקרא, בהבראם, אלא באברהם. ראה שצריכים יותר קיום, לקח את יעקב, מדת הרחמים, ושתף עם יצחק, דין, וקיים העולם. כמ"ש, ביום עשות הויה אלקים ארץ ושמים, שהויה הוא מדת הרחמים, ואלקים הוא מדת הדין. וע"כ באברהם ויעקב נתקיים העולם. ומשום זה כתוב, כי מעולם המה.

מה) אחר שנשלם אהרן באלו שבעת הימים, שהם בינה חג"ת נה"י, ונתעטר בהם, אז יום השמיני, מלכות, צריך להשתלם מן ז' דמילואים ע"י הכהן. וע"כ העבודה היא משמיני, כדי להתעטר מז', שהם בינה חג"ת ונה"י, ושיתתקן הכהן על עון העגל, שחטא מתחילה.

• **Из главы Шмини**

Вино и шейхар не пей	ייז ושכר אל תשת
	тиштэ аль вэшейхар яин
61) Надав и Авиhу напоены вином были. А "вино возвеселит сердце человека".	סא) נדב ואביהוא שתויי יין היו. ויין ישמח לבב אנוש.
	энош левав исамах вэяин hайю яин штуэй вэавиhу надав самэх-алэф
Если коhен (т.е. правая линия) должен радоваться и светиться [быть в свечении] лицом	אם הכהן צריך לשמוח ולהמצא בהארת הפנים
	hапаним бэhээрат вэлеhимаца лисмоах царих hакоhэн им
больше других, – почему запрещено ему вино, ведь в нем находится радость,	יותר מהכל. למה אסור לו יין, הרי בו נמצאת שמחה,
	симха нимцэт бо hарэй яин ло асур лама мэhаколь йотэр
и свет лица находится в нем? 62) Вначале вино – оно веселье,	והארת פנים נמצאת בו? סב) תחילת היין היא שמחה,
	симха hи hаяин тхилат самэх-бэт бо нимцэт паним вэhээрат
а конец его – это печаль. А коhен должен быть всегда в радости.	וסופו הוא עצבות. והכהן צריך להיות תמיד בשמחה.
	бэсимха тамид лиhьот царих вэhакоhэн ацвут hу вэсофо
И еще, – вино приходит со стороны левиим (левитов), от левой (линии), потому что Тора	ועוד, היין בא מצד הלוים, משמאל, כי התורה
	hатора ки мисмоль hалевиим мицад ба hаяин вэод
и "вино Торы" – это со стороны гвуры. А сторона коhенов – это вода,	ויינה של תורה הוא מצד הגבורה. וצד הכהנים הוא מים
	маим hу hакоhаним вэцад hагвура мицад hу тора шель вэяина
чистая и светящая, а это – хэсэд. 63) Левая (линия)	צלולים ומאירים שהוא חסד. סג) השמאל
	hасмоль самэх-гимэль хэсэд шеhу умэирим цлулим
включена в правую, и правая – в левую. И поэтому вино,	כלול מימין והימין מהשמאל. וע"כ יין,
	яин вэаль-кэн мэhасмоль вэhаямин миямин калуль
которое (происходит) от левой, начинается с веселья, потому что содержит воду,	שהוא משמאל, מתחיל בשמחה, משום שכלול ממים
	мимаим шекалуль мишум бэсимха матхиль мисмоль шеhу
которая – от правой. А затем возвращается на место свое, в левую, и он (коhен) печален	שהוא מימין, ואח"כ חוזר למקומו, לשמאל, והוא נעצב
	нээцав вэhу лесмоль лимкомо хозэр вэахар-ках миямин шеhу
и сердит, и судит суд по образу левой. 64) Из места одного	ונרגז ודן דין כדרך השמאל. סד) ממקום אחד
	эхад мимаком самэх-далет hасмоль кэдэрэх дин вэдан вэниргаз
происходят вино, и масло (елей), и вода. Вода и масло, которые от правой,	יוצאים יין, ושמן, ומים. מים ושמן שמימין,
	шемиямин вэшэмэн маим вэмаим вэшэмэн яин йоцъим
берут коhены и наследуют их. Масло, – хохма – более других	לוקחים הכהנים ויורשים אותם. שמן, חכמה, יותר מכל,
	миколь ётэр хохма шэмэн отам вэёршим hакоhаним локхим

так как оно – радость в начале и в конце. А не как вино, что в конце его – печаль.	שהיא שמחה בתחילה ובסוף, ולא כמו יין שבסופו עצבות. ацвут шебэсофо яин кмо вэло увасоф бэтхила симха шеhи
Ведь написано: "И масло доброе на голове, спускается на бороду, бороду Аарона".	שכתוב, ושמן הטוב על הראש יורד על הזקן זקן אהרן. аhарон закан hазакан аль ёрэд hарош аль hатов вэшемэн шекатув

שמיני
יין ושכר על תשת
סא) נדב ואביהוא שתויי יין היו. ויין ישמח לבב אנוש. אם הכהן צריך לשמוח ולהמצא בהארת הפנים יותר מהכל. למה אסור לו יין, הרי בו נמצאת שמחה, והארת פנים נמצאת בו?
סב) תחילת היין היא שמחה, וסופו הוא עצבות. והכהן צריך להיות תמיד בשמחה. ועוד, היין בא מצד הלויים, משמאל, כי התורה ויינה של תורה הוא מצד הגבורה. וצד הכהנים הוא מים צלולים ומאירים שהוא חסד.
סג) השמאל כלול מימין והימין מהשמאל. וע"כ יין, שהוא משמאל, מתחיל בשמחה, משום שכלול ממים שהוא מימין, ואח"כ חוזר למקומו, לשמאל, והוא נעצב ונרגז ודן דין כדרך השמאל.
סד) ממקום אחד יוצאים יין, ושמן, ומים. מים ושמן שמימין, לוקחים הכהנים ויורשים אותם. שמן, חכמה, יותר מכל, שהיא שמחה בתחילה ובסוף, ולא כמו יין שבסופו עצבות. שכתוב, ושמן הטוב על הראש יורד על הזקן זקן אהרן.

- **Из главы Шмини**

114) Весь труд человека – устам его. Смотрел я слова	קיד) כל עמל האדם לפיהו. הסתכלתי בדברי бэдиврэй hистакальти лефиhу hаадам амаль коль куф-юд-далет
царя Шломо, и все они одержимы мудростью высшей, – и написано:	שלמה המלך, וכולם אחוזים בחכמה עליונה. והכתוב, вэhакатув эльона бэхохма ахузим вэкулам hамэлэх шломо
"Весь труд человека – устам его". В час, когда судят человека в мире том,	כל עמל האדם לפיהו. בשעה שדנים לאדם בעולם ההוא, hаhу баолам лаадам шеданим бэшаа лефиhу hаадам амаль коль
написано, что весь суд и все, что (он) терпит в мире том,	כתוב, שכל דין וכל מה שסובל בעולם ההוא, hаhу баолам шесовэль ма вэхоль дин шеколь катув
(где) воздают ему [из него] воздаяние (за) мир (этот), все это, оно – устам его, (то есть) – из-за уст его.	שנוקמים ממנו נקמת העולם, כל זה הוא, לפיהו, משום פיהו, пиhу мишум лефиhу hу зэ коль hаолам никмат мимэну шенокмим
(Потому) что не хранил их, – и осквернил душу, и не прилепился к стороне жизни,	שלא שמר אותו, וטימא את נפשו, ולא נתדבק בצד החיים hахаим бэцад нитдабэк вэло нафшо эт вэтимъа ото шамар шело
к стороне правой. И также и душу не наполнишь. (Так,) что не будет завершен суд ее	בצד ימין, וגם הנפש לא תמלא. שלא תהיה יושלם הדין שלה шела hадин юшлам тиhйе шело тэмалэ ло hанэфэш вэгам ямин бэцад
никогда и во веки вечные. Толкование другое (слов) "не наполнишь":	לעולם ולעולמי עולמים. פירוש אחר, לא תמלא: тэмалэ ло ахэр перуш оламим улеолмэй леолам
что не будет восполнена никогда (чтобы) подняться на место ее,	שלא תהיה נשלמת לעולם לעלות למקומה, лимкома лаалот леолам нишлэмэт тиhйе шело
потому, что осквернена и прилепляется к стороне другой.	משום שנטמאת ונתדבקת בצד האחר. hаахэр бэцад вэнидбэкэт шенитмэт мишум
115) Каждый, кто осквернился ими, он как будто занимался идолопоклонством [работал работу чуждую],	קטו) כל מי שנטמא בהם, הוא כאילו עבד עבודה זרה, зара авода авад кэилу hу баhэм шенитма ми коль куф-тэт-вав
что это – мерзость (для) Творца. И написано: "Не ешь любую мерзость...". Тот, кто занимается	שהוא תועבת ה'. וכתוב, לא תאכל כל תועבה, מי שעובד шеовэд ми тоэва коль тохаль ло вэкатув hашем тоэват шеhу

идолопоклонством выходит из стороны жизни, выходит из-под власти святости,	עבודה זרה יוצא מצד החיים, יוצא מרשות הקדושה, hакдуша мирэшут ёцэ hахаим мицад ёцэ зара авода
и входит (под) власть другую. Так, тот, кто осквернился этими кушаньями, выходит	ונכנס ברשות אחרת. כן מי שנטמא באלו המאכלות, יוצא ёцэ hамаахалот бээлу шенитма ми кэн ах̲эрэт бэрэшут вэнихнас
из стороны жизни, и выходит из-под власти святости,	מצד החיים, ויוצא מרשות הקדושה, hакдуша мерэшут вэёцэ hахаим мицад
и входит (под) власть другую. И не только это [и не еще], но и осквернится в мире этом	ונכנס ברשות אחרת. ולא עוד, אלא שנטמא בעולם הזה hазэ баолам шенитма эла од вэло ах̲эрэт бэрэшут вэнихнас
и в мире будущем [приходящем]. И поэтому "И осквернитесь ими..." написано без "алеф".	ובעולם הבא. וע"כ, ונטמתם בם, כתוב בלי א'. алэф бли катув бам вэнитм̲атэм вэаль-кэн hаба убэолам

שמיני

קיד) כל עמל האדם לפיהו. הסתכלתי בדברי שלמה המלך, וכולם אחוזים בחכמה עליונה. והכתוב, כל עמל האדם לפיהו. בשעה שדנים לאדם בעולם ההוא, כתוב, שכל דין וכל מה שסובל בעולם ההוא, שנוקמים ממנו נקמת העולם, כל זה הוא, לפיהו, משום פיהו, שלא שמר אותו, וטימא את נפשו, ולא נתדבק בצד החיים בצד ימין, וגם הנפש לא תמלא. שלא תהיה יושלם הדין שלה לעולם ולעולמי עולמים. פירוש אחר, לא תמלא. שלא תהיה נשלמת לעולם לעלות למקומה, משום שנטמאת ונתדבקת בצד האחר.

קטו) כל מי שנטמא בהם, הוא כאלו עבד עבודה זרה, שהוא תועבת ה'. וכתוב, לא תאכל כל תועבה, מי שעובד עבודה זרה יוצא מצד החיים, יוצא מרשות הקדושה, ונכנס ברשות אחרת. כן מי שנטמא באלו המאכלות, יוצא מצד החיים, ויוצא מרשות הקדושה, ונכנס ברשות אחרת. ולא עוד, אלא שנטמא בעולם הזה ובעולם הבא. וע"כ, ונטמתם בם, כתוב בלי א'.

- **Из главы Шмини**

116) И написано: «И не оскверняйте души ваши животным и птицей,	קטז) וכתוב, ולא תשקצו את נפשותיכם בבהמה, ובעוף, убаоф бабэhэйма нафшотэйхэм эт тишкэцу вэло вэкатув куф-тэт-з̲аин
и всем что ползает (по) земле, которых отделил вам в нечистое.	ובכל אשר תרמוש האדמה, אשר הבדלתי לכם לטמא. летамэ лахэм hивдальти ашер hаадама тирмос ашер увэхоль
Что это «в нечистое»? Это – осквернить ими народы-идолопоклонники*, так как они нечисты	מהו לטמא? הוא, לטמא בהם העמים עכו"ם, כי הם טמאים, тмэим hэм ки акум hаамим баhэм летамэ hу летамэ m̲аhу
и приходят со стороны нечистоты. И каждый прилепляется к своему месту: исраэль –	ובאים מצד הטומאה, וכל אחד מתדבק במקומו. ישראל. исраэль бимкомо митдабэк эхад вэхоль hатумъа мицад убаим
к приходящим со стороны святости, а народы-идолопоклонники – к приходящим со стороны скверны.	בהבאים מצד הקדושה, והעמים עכו"ם בהבאים מצד הטומאה. hатумъа мицад бэhабаим акум вэhаамим hакдуша мицад бэhабаим
117) Предназначен(о) Творцом очистить исраэль. Чем очистит	קיז) עתיד הקב"ה לטהר את ישראל. במה יטהר итаhэр бамэ исраэль эт летаhэр hакадош-барух-hу атид куф-юд-з̲аин
их? Тем, что написано: «И покроплю на вас воду чистую, и очиститесь».	אותם? במה שכתוב, וזרקתי עליכם מים טהורים, וטהרתם. вэтиh̲артэм тэhорим маим алэйхэм вэзар̲акти шекатув бэма отам
Что это [что они] воды хэсэд, облачающие и включающие (в себя) свечение левой (линии),	שהם מימי החסד המלבישים וכוללים את הארת השמאל, hасмоль hээрат эт вэколелим hамальбишим hах̲эсэд мэймэй шеhэм

что оттуда идет очищение. И потому что очищаются, они освящаются,	שמשם בא הטהרה. וכיון שנטהרים הם מתקדשים, миткадшим hэм шениthарим вэкейван haтahара ба шемишам
(потому) что прилепляются к святости зеир-анпина, в котором – мохин аба-вэ-има,	שמתדבקים בקדושת ז"א, שבו המוחין דאו"א, дэаба-вэ-има hамохин шебо зеир-анпин бикдушат шемитдабким
называемые «святость». И исраэль, которые сливаются с Творцом,	הנקראים קדש. וישראל שמתדבקים בהקב"ה бэhакадош-барух-hу шемитдабким вэисраэль кодэш hаникраим
называются «святость». Ибо написано: «Святы исраэль для Творца, первинки урожая ее...»	נקראים קודש. שכתוב, קודש ישראל לה' ראשית תבואתה. твуата решит лаhашем исраэль кодэш шекатув кодэш никраим
И написано: «И людьми святыми будьте Мне». Счастливы они, исраэль,	וכתוב, ואנשי קודש תהיון לי. אשרי הם ישראל, исраэль hэм ашрэй ли тиhьюн кодэш вэаншей вэкатув
ибо Творец сказал о них: «И будьте святы ибо свят	שהקב"ה אומר עליהם, והייתם קדושים כי קדוש кадош ки кдошим вэhаитэм алэйhэм омэр шеhакадош-барух-hу
Я, Творец». Потому что написано: «и к Нему прилепись...», и написано:	אני ה'. משום שכתוב, ובו תדבק, וכתוב, вэкатув тидабэк уво шекатув мишум hашем ани
«Не сделал так каждому (из) народов, и законы (Его) – не знают их (они). Восславьте Творца».	לא עשה כן לכל גוי ומשפטים בל ידעום הללויה. hалелуя ядъум баль умишпатим гой лехоль кэн аса ло

* עכו"ם – акум – «овдэй кохавим умазалот» = [служители звезд и созвездий]

שמיני

קטז) וכתוב, ולא תשקצו את נפשותיכם בבהמה, ובעוף, ובכל אשר תרמוש האדמה, אשר הבדלתי לכם לטמא. מהו לטמא? הוא, לטמא בהם העמים עכו"ם. כי הם טמאים, ובאים מצד הטומאה, וכל אחד מתדבק במקומו. ישראל בהבאים מצד הקדושה, והעמים עכו"ם בהבאים מצד הטומאה.

קיז) עתיד הקב"ה לטהר את ישראל. במה יטהר אותם? במה שכתוב, וזרקתי עליכם מים טהורים, וטהרתם. שהם מימי החסד המלבישים וכוללים את הארת השמאל, שמשם בא הטהרה. וכיון שנטהרים הם מתקדשים, שמתדבקים בקדושת ז"א, שבו המוחין דאו"א, הנקראים קדש. וישראל שמתדבקים בהקב"ה נקראים קודש. שכתוב, קודש ישראל לה', ראשית תבואתה. וכתוב, ואנשי קודש תהיון לי. אשרי הם ישראל, שהקב"ה אומר עליהם, והייתם קדושים כי קדוש אני ה'. משום שכתוב, ובו תדבק, וכתוב, לא עשה כן לכל גוי ומשפטים בל ידעום הללויה.

- **Из главы Шмини**

118) Рыбы и акриды не нуждаются в шхите*,	קיח) דגים וחגבים אינם צריכים שחיטה, шхита црихим эйнам вэхагавим дагим куф-юд-хэт
но (само) собирание их делает пригодными их. Так (и) они, главы заседания (свойства «исраэль»)	אלא אסיפתם היא המתרת אותם. כך הם ראשי הישיבה, hаешива рашей hэм ках отам hаматэрэт hи асифатам эла
не нуждаются в шхите в час смерти их,	אינם צריכים שחיטה, בשעת מיתתם, митатам бишъат шхита црихим эйнам
как остальные люди, что умерщвляются (шхитой) – мечом ангела смерти.	כשאר בני אדם שנשחטים בחרבו של מלאך המות, hамавэт малъах шель бэхэрбо шенишхатим адам бнэй кэшъар
Но сказано о них (главах): «И умер и собран к народам его».	אלא שנאמר בהם, ויגוע ויאסף אל עמיו. амав эль вайеасэф ваигва баhэм шеээмар эла
(Потому) что собраны без шхиты, обезображивающей мертвого.	שנאספים בלי שחיטה, המנוולת את המת. hамэт эт hамэнавэлет шхита бли шенээсафим

Что рыбы моря, – жизненность их в море, так же каббалисты [ученики мудрецов], авторы [обладатели] Мишны,	מה דגת הים חיותם בים, אף תלמידי חכמים בעלי המשנה, hамишна баалэй хахамим талмидэй аф баям хаютам hаям дагат ма
жизненность их – в Торе. И если отделяются от Торы, тут же умирают.	חיותם בתורה. ואם נפרדים מן התורה, מיד מתים. мэтим мияд hатора мин нифрадим вэим батора хаютам
Танаим** Мишны воспитаны в Торе, как рыбы моря в море.	תנאי המשנה מגודלים בהתורה, כדגת הים בים. баям hаям кидгат бэhатора мэгудалим hамишна танаэй
И если эти, что на суше, поднимаются к воде, и не знают (как) плавать,	ואם אלו שביבשה עולים למים, ואינם יודעים לשוט, лашут ёдъим вээйнам ламаим олим шебэябаша элу вэим
они умирают. Однако человек, (из тех), которые – владеющие каббалой,	הם מתים. אבל אדם, שהם בעלי קבלה, кабала баалэй шеhэм адам аваль мэтим hэм
- он выше всех. И сказано о нем:	הוא למעלה מכולם, ונאמר בו, бо вэнээмар микулам лемала hу
«И владейте рыбами моря и птицей небес...», которые – авторы Мишны.	וירדו בדגת הים ובעוף השמים, שהם בעלי המשנה. hамишна баалэй шеhэм hашамаим убэоф hаям бэдагат вэирду

* шхита – умерщвление своего животного свойства, делающее его пригодным для исправления, «еды», свойством «человек».

* танаим – каббалисты, авторы Мишны.

שמיני
דגים וחגבים אין צריכים שחיטה
קיח) דגים וחגבים אינם צריכים שחיטה, אלא אסיפתם היא המתרת אותם. כך הם ראשי הישיבה, אינם צריכים שחיטה, בשעת מיתתם, כשאר בני אדם שנשחטים בחרבו של מלאך המות, אלא שנאמר בהם, ויגוע ויאסף אל עמיו. שנאספים בלי שחיטה, המנוולת את המת. מה דגת הים חיותם בים, אף תלמידי חכמים בעלי המשנה, חיותם בתורה. ואם נפרדים מן התורה, מיד מתים. תנאי המשנה מגודלים בהתורה, כדגת הים בים. ואם אלו שביבשה עולים למים, ואינם יודעים לשוט, הם מתים. אבל אדם, שהם בעלי קבלה, הוא למעלה מכולם, ונאמר בו, וירדו בדגת הים ובעוף השמים, שהם בעלי המשנה.

МЕЖДУНАРОДНАЯ АКАДЕМИЯ КАББАЛЫ
под руководством доктора Михаэля Лайтмана
http://www.kabacademy.com/

Крупнейший в мире учебно-образовательный интернет-ресурс, бесплатный и неограниченный источник получения достоверной информации о науке каббала. Миллионы учеников во всем мире изучают науку каббала. Выберите удобный для вас способ обучения на сайте.
Контакты в Израиле:
тел.: 035419411
email: campuskabbalahrus@gmail.com
Facebook: https://www.facebook.com/campuskabbalah

УГЛУБЛЕННОЕ ИЗУЧЕНИЕ КАББАЛЫ
http://www.zoar.tv/

Каждое утро на сайте ведется прямая трансляция уроков каббалиста Михаэля Лайтмана для всех, кто занимается углубленным, ежедневным изучением науки каббала и исследованием каббалистических первоисточников. Видеопортал Зоар.ТВ располагает уникальным контентом: фильмы, телевизионные и радиопередачи, статьи.

**ИНТЕРНЕТ-МАГАЗИН
КАББАЛИСТИЧЕСКОЙ КНИГИ**

Все учебные материалы Международной академией каббалы основаны на оригинальных текстах каббалистов, сопровождаемых комментариями руководителя академии, каббалиста Михаэля Лайтмана.
Израиль:
http://66books.co.il/ru/

Россия, страны СНГ и Балтии:
http://kbooks.ru

Америка, Австралия, Азия
http://www.kabbalahbooks.info

Европа, Африка, Ближний Восток
http://www.kab.co.il/books/rus

КАББАЛИСТИЧЕСКИЙ ИВРИТ
Учебное пособие

ISBN 9781772281279
DANACODE 760-121

Copyright [c] 2022 by Laitman Kabbalah Publishers
1057 Steeles Avenue West, Suite 532
Toronto, ON M2R 3X1, Canada
All rights reserved

www.ingramcontent.com/pod-product-compliance
Lightning Source LLC
Chambersburg PA
CBHW081122080526
44587CB00021B/3718

www.ingramcontent.com/pod-product-compliance
Lightning Source LLC
Chambersburg PA
CBHW081122080526
44587CB00021B/3718